新貝行生

鉄腕稲尾の遺言

◉弦書房

鉄腕稲尾の遺言◉もくじ

写真協力　スポーツニッポン新聞西部本社
稲尾家

装丁　毛利　一枝

序章　稲尾逝く

「これが最後の仕事だよ」

湯煙たなびく大分県別府市。ＪＲ別府駅から西の山手方向に約二十分車を走らせると別府市民球場が見える。

かつて運動公園だったこの地に市民球場と「稲尾和久記念館」を作ろう、という機運が盛り上がり平成十九年十月五日落成した。球場の正面玄関を入ると、つま先立ちで伸び上がり、今まさに投げようとするあの特徴のある「鉄腕・稲尾」の等身大のブロンズ像が目に飛び込んでくる。

その銅像の左手に稲尾記念館が設けられている。十二坪ほどの部屋にトロフィーをはじめ、数々の栄光の足跡が所狭しと並べられている。構想から三年、関係者やファンからの寄付金も集まり、やっと完成した。

「ほっとした。これがオレの最後の仕事だよ」

さすがに稲尾は感慨深そうに語っていた。

不吉にもこの言葉通り、稲尾が再びふるさと別府の地を踏むことはなかった。

突然の訃報だった。この落成式からわずか一ヵ月余の十一月十三日未明、稲尾は悪性腫瘍のため入院先の病院で七十年の人生から「降板」した。

まるではかったように一年前の十一月二十三日、福岡市内のホテルで稲尾の「古稀を祝う会」が開かれた。「これはオレの生前葬だ」と稲尾は豪快に笑い飛ばしていたが、その早過ぎる死を自身予感していたのだろうか。自ら社長を務める稲尾商事の分社化と言い、稲尾記念館建設のための奔走と言い、なぜか身辺整理を急ぐようにみえた。

稲尾記念館の銅像

決して弱音を吐かない稲尾が、そのころから珍しく体調不良を口にするようになった。好きなゴルフの誘いやコンペもキャンセルして周囲を心配させた。

「肩甲骨あたりが痛んでよく眠れない。手足にもしびれがあるんだ」と言いながら、札幌に飛んで日本ハム―ソフトバンクのプレーオフを解説、福岡にトンボ帰り、そのまま入院した。

「検査入院だ。大したことはない」と、気

丈に振舞っていたが、すでに手遅れだったという。律儀で我慢強い性格が、あるいはあだになったのか。

「身辺をきれいに整理して、あっという間に逝ってしまった」とは、かつての女房役で、晩年まで公私行をともにした宮寺勝利捕手の嘆息だ。

「これで西鉄ライオンズは終わった」

「稲尾さん、あなたが目指した野武士野球を受け継いでいきます。稲尾魂は忘れません」

葬儀で弔辞を読んだのは西鉄OBではなく、ソフトバンク監督の王貞治だった。

それを意外と思った参列者もいたようだが、実は王と稲尾は熱い友情で結ばれていた。王は早実時代に後楽園の日本シリーズで稲尾の快投を目に焼き付け、さらに巨人入団後、昭和三十八年の日本シリーズで対戦してからは稲尾を投手の鏡と思ってきた。

このシリーズ後、当代の球界の四大スター、長嶋、王、野村、稲尾の四人は航空会社の招待で欧州旅行に出かけた。酒豪の王と稲尾は毎夜杯をかわして意気投合、以来ふたりの友情は変わることなく続いた。王の退任で実現しなかったものの監督時代には稲尾をピッチングコーチに迎えようとしたこともあったのである。

「これで西鉄ライオンズは終わった」——西鉄のOBたちは異口同音にライオンズの終焉を口にし、稲尾の急逝を惜しみ、嘆いた。その人望、実力、存在感。まさに稲尾は西鉄のシンボルだった。稲尾の葬儀は、西鉄ライオンズの葬儀でもあったのだ。

盟友・豊田泰光はその訃報に号泣した。葬儀には所用で出席できず、数日後、駆けつけて稲尾宅に直行、遺影に向かって「ありがとう」と何度も繰り返した。

「稲尾と一緒に野球できたことはオレの誇りなんだ。彼には『ありがとう』の言葉しか見つからない。稲尾には本当に感謝しているよ」

稲尾にとっては少々煙たい先輩でもあり、怖い兄貴だったようだが、豊田は稲尾の最もよき理解者だった。自分や中西太ではなく、西鉄ライオンズを象徴していたのが誰であったか、よく知っていた。

「これで、西鉄ライオンズは終わったな」

遺影に語りかける豊田のつぶやきは、寂しげだった。

野村克也は訃報を聞いて絶句、しばらく口をきけなかった。

「杉浦に次いで稲尾か……。オレたち世代の野球が終わったということだろうな」

唇をかみ締めながら「オレは稲尾を打つことに生涯を賭けた。言ってみれば稲尾はオレを育ててくれた恩人なんだ」とひとこと一言、自分に確かめるように話した。

落合博満は式場の片隅で目を真っ赤にして語っていた。

「稲尾さんは大らかで、選手の個性を尊重してくれた。そんな稲尾さんが大好きだった。ロッテがもし福岡に移転しても、オレは大喜びで福岡に行くつもりだった。もう一度だけユニフォームを着てもらいたかった」

別府市での市民葬

稲尾の遺言「二十四ヶ条」

突然、主を失った稲尾記念館には、各地から往時を偲ぶ数多くのファンが訪れ、稲尾の栄光と、あの時代への鎮魂を胸に感慨にひたる姿が絶えない。

福岡に続いて数日後、「別府市民葬」が執り行なわれ、千人近いファンや市民が郷里の生んだ不世出のヒーローに別れを告げた。

別府湾に沈む夕日を眺めながら、漁師の父久作さんの伝馬船に乗り込んで荒海と闘った少年時代、鉄腕・稲尾の原点が別府の海にあることはよく知られている。

しかし「神様、仏様」の次にランクされるほどの大投手になるとは自身、露ほども思っていなかった。

「三年経っても一軍入りできなければ別府に帰って漁師になる」と言って郷里を後にした少年は、西鉄ライオンズで一気にその才能を開花させ、プロ球界に一時代を築いた。

ちなみに彼の右腕は現役十四年間に約二億円を稼いだ。現在のプロ野球選手の報酬からみれば驚くほどの額ではないかもしれない。だが、稲尾がプロ野球に身を投じた昭和三十一年の大卒サラリーマンの月給は平均七千円程度だった。

「漁師になっていたら一生涯、縁のない二億だったなあ」と晩年、稲尾は右腕をさすりながら満足そうだった。

稲尾が逝って数ヵ月後、律子夫人から関係者に「稲尾アルバム」が送付された。その表紙には稲尾晩年の座右の銘「感謝」と刷り込まれていた。ページをめくると、球界の仲間たちのメッセージとともに若き日の稲尾が写真のなかで微笑んでいる。

「皆さんから愛され惜しまれた主人は幸せな人生でした。きっと天国で皆さんに感謝していることと思います」と、律子夫人の言葉も添えられていた。

「お世話になった野球界に恩返しがしたい」が、稲尾晩年の口癖だった。忙しい解説者の仕事の合間を縫って、ライフワークとした少年野球の指導に情熱を傾けてきた。リトルリーグを立ち上げ、野球教室では子供たちを熱心に指導していた。

ややもすれば技術指導に傾きがちな流れのなかで、稲尾はむしろ豊かな時代に生まれ育った子供たちに、「他人を思いやる心を持ってください」「両親には感謝しなさい」「道具を大切にしよう」などと、自身の思い出を織りまぜながら、むしろ精神教育に比重を置いた指導をやっていた。

引退後、稲尾は自分の野球人生、投手経験で体得した投球術のエッセンス「鉄腕二十四ヶ条」を書き残していた。

明日のエースを目指す後輩たちにあてた、この稲尾の「遺言」とも言うべき「二十四ヶ条」を終章に掲げて鎮魂の香華としたい。

第一章　夢はプロ野球

手作りのグローブで

昭和十二年六月十日、稲尾和久は別府港に近い別府市北浜で生を受けた。

生家は柱が傾いた五軒長屋の一軒だった。今ではこの生家は取り壊され、あたりにはホテルが建ち並び、別府湾に沈む美しい夕日が、時の移ろいを静かに見守っている。

兄四人、姉二人、七番目の末っ子が和久だった。父久作は一本釣りの漁師、母カメノは夫の釣り上げた魚の行商で一家を支え、七人の子供たちを育てあげた。

久作が伝馬船を操って別府湾から釣ってくる魚をカメノが行商して売り歩く。しかし、海がシケて出漁できない日が続くと、カメノは質屋ののれんをくぐることもあった。そんな暮らしぶりだったから、後に稲尾が西鉄ライオンズと入団契約を交わし、契約金五十万円の現ナマを目にしたカメノは卒倒してしまったという。

戦後の日本はみんな貧しかった。中でも貧乏を絵に描いたような稲尾家に生まれ育った野球好きの和久少年は、中学に入るまでグローブを買ってもらえなかった。仕方なくボールもバットもグローブも自分で作った。

お手製のボールを巻くのに父の釣り糸をこっそり盗んだり、グローブを作るために伝馬船のカバーを切りとってこっぴどく叱られたこともある。やがて小学生同士でやる「三角ベース」野球にあきたらず、近所の大人たちのチームに入れてもらった。ここでは捕手だった。

別府市北浜の稲尾の生家

父母から受け継いだDNA

そのころだった。別府・星野組が都市対抗野球で全国征覇を遂げ、大分の人々を熱狂の渦に巻き込んだのは――。

大分県は戦前から野球熱が高いところだ。まだ九州にプロ野球が産声を上げていなかった戦後間もなく、ノンプロ、今でいう社会人野球の別府・星野組がまぶしいほどの脚光を浴びていた。

星野組は昭和二十三年の都市対抗野球で準

優勝、翌二十四年にはついに優勝、黒獅子旗を手に別府の街に凱旋、盛り上がらぬはずがない。そのパレードでは花吹雪が舞い、人々は狂喜乱舞する。十二歳、小学五年生の稲尾も人垣をかき分けかき分け興奮の渦の中にいた。

別府・星野組の監督は西本幸雄、後に大毎、阪急、近鉄の監督を務めたが、何度もリーグのペナントを手にしながらあと一歩のところで日本一になれず、「悲運の名将」といわれた。

主力打者に関口清治（西鉄）、エースには火の玉投手といわれた荒巻淳（大毎）など、いずれも後にプロ球界で活躍する名選手を擁していた。当時のノンプロ野球は、大学野球と並んでプロ野球に匹敵するほどの人気だった。

別府・星野組は翌二十五年、パ・リーグの誕生とともに解散するが、野球熱という遺伝子は大分に確実に残り、名選手たちを輩出していく。稲尾少年の野球熱もその熱気にあおられるように一段と燃えさかっていく。

後年、「鉄腕・稲尾」「神様、仏様、稲尾様」と称された、この大投手の生い立ちにはさまざまの伝説が生まれた。中でもその原点は「海」、別府湾であることはよく知られている。

稲尾は八歳のころから父久作の漁の助手として伝馬船の櫓をこいだ。父は和久を「漁師の跡取り」と見込んで、漁に連れ出した。くる日も来る日も夕方になると、和久が櫓を操り、一時間ばかりかかる沖の漁場まで父と出漁する。釣り糸を垂れる父の指示で波をかわしながら、右へ左へと櫓を操る。櫓を押しては引く、この動作の繰り返しも投手にとって大切な体重移動の微妙なタイミングを身につけていくことにつながった。こうして船中泊で朝を迎える。

稲尾が繰り返し語っているこの体験が、後の彼の強靭な地肩と手首、足腰を作り上げたという逸話が〝稲尾伝説〟の序章である。

久作は酒と相撲が滅法強く、毎年大分県宇佐市で開かれている宇佐相撲で優勝を続けていたというが、あるとき年下の怪童に敗れた。それが後年の双葉山だったという。これまた〝伝説〟のひとつとして残っている。

頑健な体に加え、格言好きの久作の口癖は「実るほど頭を下げる稲尾（穂）かな」であった。「稲穂」に「稲尾」を掛け、どんなに他人の評価が高かろうが「天狗になるな、謙虚であれ」という父の教えは、体に染みついて稲尾の人柄をつくりあげてきたと言ってよい。

「お袋はいつも『ええか和、家が貧乏でも卑屈になるな。堂々と胸張って歩け』と言うんだ。擦り切れそうな学生服でも破れてはいなかった。いつも綺麗にほころびをなおしてくれるんだ。だから貧乏だったけど身なりはきれいにしていた」

カメノは昭和四十四年暮れ、西鉄の監督に就任した息子を励まそうと、別府から福岡に向かう途中、バイクにはねられたが、奇跡的に一命をとりとめた。駆けつけた稲尾に執刀医は「お母さんの苦痛に耐える我慢強さと丈夫な体には、敬服しました」と語ったという。

この両親の背中を見て育った稲尾は、そのＤＮＡをしっかりと受け継いだようだ。

中指を引張り続ける

稲尾は小学校五年から高校三年までのほぼ八年間、ピノキオの鼻よろしく右手中指を風呂の中で引っ張り続けたという。伸びることを信じて続けたというからすごい。

確かに稲尾の右手の人差し指と中指は左手のそれより一センチ近く長い。長い指は投手の大きな武器になる。後に稲尾の代名詞となる〝宝刀のスライダー〟はこの二本の指の長さ、強さから生まれたものだ。

いまなら体を鍛えるためのジムや器具も揃っているが、稲尾の少年時代にむろんはそんなものはない。体を鍛えるためには自分で考え、自分で工夫するしかなかった。

稲尾は通学時のかばんに石を詰め込んで腕力を鍛えたり、バスに乗ってもつま先で立ち続けて足首を鍛えた。「教えられたり、押し付けられたものより自分で工夫したもののほうが身につく」とは晩年の稲尾の述懐である。

彼の少年時代の創意工夫の中で印象深いのは舟上の特訓だ。伝馬船にボール大の石を二、三十個積み込み、これを海に向かって投げた。「魚が逃げるぞッ」と父に怒鳴られながらの特訓である。しかし、小刻みに揺れ続ける舟の上から石を投げるのはなかなか難しい。下半身がよほどしっかりしていなければ、バランスを崩してよろめき、たちまち海に投げ出される。

すぐ上の兄、照久によると「和がちょくちょくドボンと落ちた。『漁師は溺れるのも訓練のうちじゃ』と言って、親爺は助けようとしない。あわてて私が助ける始末」だったという。これが稲尾の地肩と腰を人並み外れたものにしていったに違いない。

後に別府星野組から大毎オリオンズ（現ロッテ）の監督に転じ、稲尾とも対戦した西本は「ピッチャーをやるために生まれてきたような男やったな。フォームといいリズムといい理想的な投げ方。

稲尾は投手の生きた教材だった」と語っているが、〝投手の教科書〟と言われた上半身と下半身がうまくバランスされた稲尾のあの美しいフォームの原点は、どうやらこの伝馬船上からの石投げにあったようだ。

サインを求められると「鉄腕一代、稲尾和久」まではすらすらとペンを走らせるが、座右の銘や相手の名前を書くのは「勘弁して」だった。

「小さいときから電灯の下で勉強したことがないんだ。いつも伝馬船のランプを頼りに勉強した。ゆらゆら揺れる舟の中でずっと字を書いたせいか、オレの字はミミズがはったような悪筆でなあ、恥ずかしくてよう書けんわ」

長く太くなった右手の二本の指が時には勉強の邪魔になることもあった。後に進学した別府・緑ヶ丘高商業科ではソロバンが必修だったが、指が長く太いためうまくソロバンの珠を弾けず、検定試験にはいつも落第。卒業までソロバンに苦しめられた。

プロ入りしてからは「稲尾とはマージャンしたくない」とこぼす選手が多かった。その理由は「遅い上に牌の山をすぐ壊す」から。ここでも長い指が邪魔になった。

「漁師に学問はいらん！」

野球と漁に明け暮れた小学生生活を終え、稲尾は昭和二十八年、別府・中部中学に進んだ。

小学校の卒業文集に稲尾は「将来の夢」は「プロ野球選手」と書いて周囲を驚かせた。同級生たちは「?」「あの目立たない稲尾がプロ野球?」「大胆な!」と一様に驚いた。

別府湾で櫓をこぐ稲尾と父久作さん（後年の演出？）

彼らの感想はもっともで、小学校時代の稲尾はお世辞にも野球がうまいとは言えなかったらしい。足は遅いし、打つのも非力。打球はいつも振り遅れてライト方向へしか飛ばない。たまにライト前にヒットしても鈍足ゆえに一塁でアウト、ライトゴロという始末だった。

「稲尾がプロ野球選手なんて絶対ないな」——周囲の誰もがそう思い、苦笑していたという。

だが、稲尾は「夢」に向かってひたすら努力を続けた。

中学に入ってすぐ野球部入りたいと思ったが、グローブを持たないと入れない。運よく学校の備品のキャッチャーミットが一個余っていた。そこで志望者のいない捕手を志願、何とか野球部に入れた。

自分のグローブを持てたのは、それから間もなくしてからのこと。事故で亡くなった長兄の補償金でやっと中古のグローブを買ってもらった。

別府・中部中野球部の稲尾（中央）

中学の三年間、稲尾のポジションはずっと捕手だった。骸骨のように痩せていたので「コツ」というニックネームがついた。

さして目立った活躍もしなかったが、この中学時代に強烈なライバルを見つけることになる。大分県日田市の東部中学の畑隆幸投手だった。後に畑は小倉高校に進学して二度甲子園のマウンドを踏み、準優勝を果たす左腕のエース。

「中学時代、大分大会で一度だけ畑と対戦したことがある。同期生にこんな凄いピッチャーがいるのか、と頭を思いっきり殴られたようなショックを受けた。よし、こいつをいつか越えてみせる」と稲尾はひそかに決意する。

その畑との対戦では、スクイズの処理を捕手・稲尾が誤り、0―1で惜敗した。しかし、三年生のシーズン、中部中は県大会で優勝を果たす。

稲尾は相変わらず昼は野球、夜は父とともに伝馬船で漁の明け暮れだった。父は稲尾が野球に熱中しているとも知らず、練習で出漁に遅れがちな息子をいつも港で待つ羽目になる。

中学の卒業が近づいてくると、稲尾はどうしても高校に行きたい気持ちを抑えることができなくなった。依然として家は貧しい。父は中学卒業後には、いよいよ漁師の跡継ぎとして本格的に鍛えようと待ち構えている。

日ごろから「漁師の倅に学問はいらん」が口癖の父になかなか切り出せない。まして「野球がやりたいから高校へ」などとは口が裂けても言えそうにない。

それでも稲尾は高校に進んで野球を続けたい。甲子園に行きたい。あの畑投手を越えたい。そんな熱い思いを胸に悶々と過ごしていた。

ある夜、思いきって船上で切り出した。「バカもん！　漁師に学問やらがいるか！」——案の定、怒声が返ってきた。それからは毎晩のように船上の談判が続いた。

ところが、思わぬ援軍が現われ、事態は一変する。稲尾の気持ちを理解していた担任教師や野球部の小野・助監督が懸命に久作を口説いてくれた。すでに家を出て独立していた二人の兄も「和だけは高校にやってくれ。学費ならオレたちが何とかする」と援護した。こうした周囲の熱心な説得もあって、久作も渋々折れた。

「それなら三年待っちゃる。ただし、野球で（高校に）行くような子は好かん。行くなら堂々と試験を受けて行け」

高校を終えたら漁師になること、表門から堂々と入学すること、この二つが父の出した条件だった。当時、稲尾は別府鶴見ヶ丘と緑ヶ丘の両高校から誘われていたが、「授業料の安い公立、進学校じゃない緑ヶ丘を選んだ」という。

昭和二十八年四月、稲尾は大分県立別府緑ヶ丘高商業科に入学する。

緑ヶ丘で担任だった木下偉十は「稲尾君は九番の成績で入学してきました。頭も優秀でしたよ。一度、授業をすっぽかしたのでこっぴどく叱ったことがあるが、いくら理由を尋ねてもガンとして言わない。後で他の生徒から『稲尾は野球部の先輩の言いつけで外に出た』と聞かされました。そんな生徒でしたね」と述懐している。

〝野球漬け〟の日々が続き、九番という好成績で入学した稲尾だったが、三年生になるとクラスではビリ、頑張ってもブービー、卒業時はお尻から数えた方が早いほど学業はお留守になった。それだけ野球に打ち込んだのだろう。

当時の緑ヶ丘高校の月謝は五百円。しかし稲尾家の家計は依然苦しく、その五百円が払えないこともあった。二年生からは日本育英会から月額七百円の奨学金を受けて何とか高校生活を送った。

「死ぬほど恥ずかしかった」破れスパイク

「身に染み付いていたせいか、貧乏を特別苦労とは思わなかったが、一度だけ、たった一度だけ死にたくなるほど恥ずかしい思いをしたことがある」

稲尾は後年になっても度々「死にたくなるほど」の恥ずかしい思いを口にしていたから、よほど骨身にこたえた体験だったのだろう。

緑ヶ丘高校野球部でも、稲尾は捕手だった。しかし夏の予選に敗退して新チームになったとき、首藤成男監督は稲尾に投手への転向を言い渡した。一、二年生全員に投げさせ、稲尾が一番球が速くて肩が強いというのがその理由だった。

投手に転向した高二の夏の県予選でのこと。先発した稲尾がベンチからマウンドに向け跳び出すと、スパイクがパクパクと音を立てた。一年生から履いてきた古いスパイクがとうとう限界を超え、底がすっぽりと抜け落ちたのである。あわててベンチに戻り、底の抜けたスパイクをタオルで縛って再びマウンドに上った。

「スパイクを履き替えろ！　ナメた真似するな」

タオルで縛ったスパイク姿の登板に、相手チームのベンチやスタンドから激しい野次が起こった。稲尾は「死ぬほど恥ずかしい」思いに耐えながら完投した。予備のスパイクさえ買ってもらえぬ台所事情は多感な年頃の稲尾には酷だったろう。自分で修理しながらあとの一年半の間、この破れたスパイクを履きとおした。

皮肉なことに「タオルで縛ったスパイク事件」が〝緑ヶ丘の稲尾〟を大分県内では有名にする。この話を聞いてからというもの、現役時代の稲尾がいつもスパイクをじっくり時間をかけて自分で手入れしていた姿が目に焼き付いて離れない。

当時のプロの世界では、レギュラークラスは道具の手入れは後輩や新人たちに回すのが常だったが、稲尾は決して他人任せにはしなかった。「道具を大切にしないやつは大成しない」が持論で、後輩たちにも口うるさく言っていた。

前にも書いたが、このころの大分県は野球が盛んだった。稲尾の緑ヶ丘高校時代、後にプロ野球で活躍するスター予備軍たちが県内の高校球界にひしめき合っていた。大分・上野丘の葛城隆雄(大毎)、佐伯鶴城の阿南準郎(潤一、広島)、臼杵高の和田博美(西鉄)、鶴見ヶ丘の三浦清弘(南海)、津久見の田中喜八郎(西鉄)らである。彼らもまた稲尾と同じように星野組の凱旋に心躍らせ、それぞれ熱い夢をはぐくんでいた。

中でも和田は、後に西鉄で稲尾とバッテリーを組むことになるのだが、高校時代の投手・稲尾を知る数少ないひとりだ。

「高校時代、何度も対戦したが、捕手あがりのせいかバックスイングも小さく、フォームもどことなくぎこちなかった。確かに球は速かったがコントロールももうひとつで、まさかあれだけの大投手になるとは夢にも思わなかった」と当時の印象を語っている。

大器晩成、稲尾はまさにそれだった。

緑ヶ丘高のエース稲尾

プロとの接触で窮地に立つ

二年の夏、稲尾はエースで四番。名実ともに緑ヶ丘の顔になっていた。

稲尾は毎日三百球から四百球以上も投げ込む一方、ズボンのポケットには石の重しを入れたり、いつもボールを入れて三本の指で握りしめ、握力の鍛錬も欠かさなかった。

そんな努力を続けていたから、夏の県大会ではひそかに期待を寄せていたが、結果は二回戦敗退だった。

その秋、後援会を通じて南海のスカウトが家族に接触してきた。冬には鶴岡一人監督も別府にやってきた。しかし、父、久作は頑として首を縦には振らなかった。

「もしあの時、稲尾が入団していれば南海の黄金時代はもっと長く続いていたのになあ」と歯ぎしりして悔しがったのは九年前に他界した鶴岡だった。

南海が稲尾に目をつけたのは地元球界関係者の強い推薦によるものだった。苦しい家庭の事情を知った南海は稲尾が三年生になったころから毎月「栄養費」名目で送金を始め、援助の手を差し伸べてきた。当の稲尾はもちろん知らない大人の間の話だった。オフシーズンには、鶴岡御大自ら「父上に会いたい」と乗り出してきた。

「鶴岡さんがわざわざ別府まできてくれた。料亭に両親と招かれたが『君が稲尾君か、頑張れよ』と肩をポンと叩かれて感激した。田舎の高校生のために大監督が来てくれたんだ。緊張と感激でヒザが震えっぱなしだったよ」と稲尾はよく話していた。

ところが、南海とのこの水面下の接触の一方で、西鉄のスカウトも稲尾に接触をはかってきた。やがて噂が人々の口にのぼり、稲尾は窮地に立たされる。

「夏の甲子園予選前に南海や西鉄の関係者と接触している。西鉄とは契約を交わしたのではないか？　これはあきらかに違反行為だ。緑ヶ丘は甲子園どころか県大会出場も辞退すべきだ」という声があがった。

しかし、稲尾はまだどちらとも契約書にサインしたわけではない。弱った稲尾家は南海から受けた援助金を返済し、南海との契約などまったくのデマだと、兄や関係者が奔走し、やっと高野連も了承して事なきを得た。

甲子園の夢破れる

稲尾三年、最後の夏の大会、甲子園への夢がかかっていた。

稲尾は順調な仕上がりで、自信をもって臨んだ。準々決勝では17三振を奪う快投で勝ち上がり、迎えた準決勝の相手は佐伯鶴城高校だった。

稲尾の夢の前に立ちふさがったのは阿南準郎だ。

「稲尾とはよく対戦した。二年生のときは、大したことないなあ、と思っていたが、三年になると見違えるほど球が速くなり、バッティングも良くなっていた。県内では〝緑ヶ丘の稲尾〟といえば、ちょっとした有名人だったよ」

稲尾は立ち上がりにいきなり阿南にタイムリー打されて2点を失う。しかし六回に自らバックスクリーンに2ランホームランを放って同点に追いつくが、九回2死三塁から再び阿南に中前適時打されてサヨナラ負けを喫した。阿南のバットに稲尾の夢はあえなく砕け散った。

阿南は佐伯鶴城高校卒業後、広島カープに入団、その後、近鉄に移籍して再び稲尾と対戦することになるが、近鉄で現役引退後、カープの監督として、常勝「赤ヘル軍団」の基礎を築いたことで知られる。

「苦手とカモ」――どんな大投手、大打者でも苦手な相手、得意な相手がいる。稲尾はよくよく阿南が苦手だったようだ。阿南が近鉄移籍後のこと。稲尾が先発すると、阿南は頬をゆるめてボックスに向かい、いいところで打った。稲尾はよほど悔しかったのだろう。阿南を見ると「オイ、阿南、まだオレをいじめるつもりか」と大きな声でヤジっていた。

稲尾の夏の夢は阿南に砕かれたが、その挫折感にもめげず、次の夢、プロ球団入りを目指して、近所の神社の四十八段の石段のぼりを続け、足腰の鍛錬に余念がなかった。

変わったことといえば父久作、母カメノの肩もみをやり始めたことぐらい。「親孝行なことだ」と両親は目を細めたが、稲尾の肩もみにはもうひとつの目的があった。

「両手の指がしびれるほど揉むんだ。何とか指を強くしたい一心だった。指が強いというのは投手の絶対条件だからな」

一石二鳥の稲尾流のトレーニングだった。

「あなた買います」のスカウト合戦

稲尾のプロ行きをめぐって稲尾家では、もめにもめた。

しかし、その前に当時のプロ球界の自由競争について触れておきたい。

後に鶴岡・元南海監督が「悔いがふたつある。ひとつは長嶋をとれなかったこと。もうひとつはお前をとれなかったことだ」と稲尾に漏らした。

鶴岡はスカウトの情報をもとに全国どこにでも出かけ、熱心に〝卵〟たちを口説くほどチームの強化に熱心だった。稲尾家にも直接出向いて説得している。

六大学野球のホームラン記録を塗り替えた長嶋茂雄は、立教大の先輩、大沢啓二（南海、元日本ハム監督）の引きもあり、同僚の杉浦忠投手を「オレも南海に行くから君も一緒に行かないか」と誘っていた。

長嶋は大学時代には南海の経済援助を受けていたといわれている。ところが、杉浦は「男の約束」を守り南海と契約したが、長嶋は巨人に走った。長嶋の南海入りに奔走した先輩の大沢は激怒し「男として長嶋だけは許せない」と公言してはばからなかった。

だが、杉浦は「長嶋はお世話になった南海を裏切る形となったが、プロ野球全体のことを考えると彼が巨人に行ったのは正解だったろう」と長嶋をかばい続けた。

昭和三十三年暮れ、長嶋は巨人のユニフォームに袖を通したが、さすがに「何でもあり」の自由競争の時代とはいえ、長嶋の巨人入りはスキャンダラスな事件として社会問題にまでなった。

その三年前、稲尾の中学時代のライバル、小倉高校の畑投手も南海、西鉄との間で「二重契約ではないか」と争いになっている。

稲尾が西鉄に入団した昭和三十一年といえば、敗戦の傷跡がやっと癒え、経済白書が「もはや戦後ではない」と高らかに宣言した年でもある。

どの球団も競って各地の大学、社会人、高校の有力選手たちに唾をつけ、チーム強化を至上命題にしていた。時にはスカウトの暗躍がスキャンダルとして表面化し、札束で横っ面を張るようなハードスタイルが横行していた。逸材たちには気が遠くなるような契約金が乱れ飛び、そんな〝青田買い〟が社会問題化し、国会で論議されたり、暗躍するスカウトを描いた映画『あなた買います』が登場する。そんな時代だった。

稲尾と同期で高校球界のエリートといわれた前岡勤也（新宮高）は八百万円、畑（小倉高）は六百万円、大学生には一千万円と、いまの金額に換算すれば億単位の契約金が乱れ飛んでいた。

この傾向にブレーキがかかることはなく、むしろプロ球界はアクセルを踏み続けた。まさに球界のバブル時代だった。やがてバブルは弾け、高騰する契約金に音を上げた経営サイドは昭和四十年にドラフト制度を導入して契約金の一元化をはかった。契約金の上限一千万円、年俸百八十万円の枠を定めた経営正常化である。

やがてこれも制度疲労を起こし、平成十八年には巨人、西武の裏金攻勢が発覚し、今も昔も変わらぬ球界の体質が露見したのは記憶に新しい。選手、関係者への裏金は水面下で連綿と続いていたことになる。傷つくのはいつも選手たちだった。

「ボーッとした石炭が金になった」

そんな時代の空気の中で、稲尾家は和久の入団先は南海か、西鉄か、迷っていた。

稲尾は高校三年のころから南海の経済援助を受けていた。援助といっても稲尾家と合意のうえというわけではなく、南海が経済的な窮状をみかねて送金していたらしい。稲尾によれば一部は事情を知らぬ母が生活費に使ったらしいが、それを知った父は以後封を切らず、契約問題が表面化した際に返還したという。

そんな流れからは南海入団が自然のようにみえたが、ここに厄介な問題が起こってきた。南海のライバル西鉄も稲尾獲得に名乗りをあげてきたのである。

西鉄、南海の稲尾争奪戦といえば聞こえはいいが、当時の稲尾は本当にプロ球界が垂涎《すいぜん》するほどの逸材だったのだろうか。稲尾をスカウトした竹井潔（元西鉄球団常務）に当時の話をじっくり聞く機会があった。

「まさか石炭が金になるとは思わなかった」と前置きして「当時は（西鉄は）小倉高の畑獲得に全力を挙げていた。ちょくちょく畑の実家のある大分に通っていたら、南海が畑の他に稲尾というピッチャーを狙っている、という情報をキャッチした。南海はライバル球団だ。九州の選手を南海にとられてたまるか、という意地だけで稲尾をとったというのが真相だ」と語っていた。

竹井の見た稲尾は「コントロールも悪くボーッとした感じ。とてもプロでは通用せんなあ。まあバッティング投手だな」と思っていたという。

竹井は後にその不明を恥じることになるが、竹井だけではなかった。当時の関係者で誰一人、後の稲尾を予想した者はいない。強いてあげれば鶴岡だけが稲尾の地肩の強さに着目していた。それが稲尾を熱心に勧誘した理由だった。

実際、高校時代の稲尾はよく投げ込んだ。野球部の首藤監督が「オイ、もういい加減やめんか」と心配するほどブルペンを離れなかった。

毎日、三百球、多いときは四百球以上投げ込んでいる。それもストレート中心だ。一口に三百球、四百球というが今の高校生の投げ込みは平均で一日百球程度、それをオーバーすると、ひじ、肩の異変を訴える。これはプロ野球でも同じで投手コーチが頭を痛める問題である。

「確か高二のときだった。盲腸手術の二日後に稲尾がグラウンドに現われたからびっくりした。『おいおい、いくら何でも手術したばかりじゃないか、いいから今日は家で静養しろ』と帰したことがあるくらい練習熱心だった」と首藤は語っていた。

当時の稲尾は球は速いがコントロールが悪く「行き先はボールに聞いてくれ」だったが、地肩は滅法強く、すでに連投に耐え抜くタフな肩と精神的な強さを兼ね備えていた。

「福岡ならオレの伝馬船でも行ける」

南海か、西鉄か。稲尾家では何度も家族会議が開かれたが、なかなか決まらない。最後に断を下したのはやはり父久作のひとことだった。

「大阪は遠すぎる。福岡ならオレの伝馬船でも行けるじゃろう」

久作は本当にあの伝馬船で福岡まで行くつもりだったのだろうか。

紆余曲折はあったが、昭和三十年十月、稲尾は地元九州の西鉄ライオンズと入団契約を交わした。契約金五十万円、年俸四十二万円、月給にして月三万五千円。当時の高卒の平均月給は約四千五百円だったからそれとの比較では破格と言えよう。

契約金五十万円が稲尾家に届いた。風呂敷包みがとかれ、五百枚の千円札の束を見た母カメノは驚きのあまり卒倒してしまったという。まだ一万円札は発行されていなかった。

しかし、同期入団の畑隆幸投手（小倉高）の契約金は六百万円、春夏連続甲子園出場の田辺義三捕手（桐生高）が五百万円、稲尾とはひとけた違う。球団の稲尾への評価はこの数字が示す通りさほど高くなかった。

稲尾は給料の中から別府の両親に毎月一万円を仕送りし、残りから寮費三千五百円、さらに当時はバットやグラブなどの必要経費は個人負担だったから財布はいつも潤沢だったわけではない。

「でもな、腹いっぱい白い飯が食えたし、おかずも今まで見たことないような食材が並んでいるんだ。とりわけ牛肉なんて貧乏漁師の倅には無縁だったから、ああプロになってよかった、としみじみ思ったなあ」

幼時から父の釣る魚がおかずだった。一匹の小魚も無駄にすることなく、食べ残した骨を母親が砕いて粉末にする。台風や不漁で父の漁獲がないと、骨粉をご飯にかけ醤油で胃袋に流すという、体に鱗が生えそうな食生活だった稲尾にすれば、油の滴るステーキは天国の味だったろう。

「遠征先での食事のとき、稲尾は必ず怖い先輩のところに行ってはお酌をして回る。何と礼儀正しい男だろうと思っていたが、目的がちゃんとあるんだ。先輩は晩酌が楽しみで、おかずもそこそこにしか食べない。『おお、オレは食わんからお前、食べろ』と言われて稲尾はうれしそうに頂戴してたなあ」

緑ヶ丘高校で四年先輩になる河村英文（元西鉄投手）がよく語っていた。

第二章　鉄腕への道

豊田のキツーイ一発

昭和三十年師走、稲尾は西鉄の新人合同トレーニングに参加するため福岡に向かった。

下着を包んだ唐草模様の風呂敷ひとつ抱えた学生服の稲尾は、平和台球場に近い福岡市唐人町の大円寺寮（西鉄ライオンズ寮）の玄関に立った。

「あのう、別府から来た稲尾です」

たまたま寮にいた豊田泰光が応対した。

「ここはプロ野球選手の寮だ。場所を間違えとる。帰れ、帰れ」

てっきり西鉄電車の車掌志望の少年だと思いこんだ豊田が追い返そうとすると、

「あのう、その西鉄に入るんです」と言う。

「ボーッとした顔で風呂敷を抱えた田舎の高校生だった。最初に見たときは、まあ何と冴えない男だろうと思ったね」というのが豊田の第一印象だった。

豊田は昭和二十八年に水戸商から西鉄に入団して三年目、すでに新人王もとり、強打の二番打者として売り出し中だったが、選手寮の寮長も務め、新人の教育係を仰せつかっていた。

「布団は持ってきたのか」

「布団がいるんですか」

稲尾の間の抜けた答えに「別府じゃ、布団なしで寝るのか」とからかったものの、豊田は仕方なく、自室に稲尾を同居させることにした。「初めて福岡に来て最初にワラジを脱いだのが私のところだったわけだ」

「冴えない男」と豊田が起居をともにするようになって、間もなくその稲尾観を改めることになる。部屋の掃除はきちんとやるし、豊田の布団もちゃんとたたむ。豊田の稲尾を見る目が決定的に変わったのが〝布団事件〟だった。

当時の豊田はチーム一のダンディ・ボーイ。関東人らしい洗練されたセンスの持主で博多・中洲の夜の蝶たちにモテモテ。そのせいか朝帰りの常習犯だった。その日も抜き足差し足で自室に戻ると、稲尾が自分の絹布団で寝ているではないか。

「この野郎、オレの布団で勝手に寝やがって」

激怒する豊田に稲尾は正座してこう言った。

「豊田さんの布団にくるまっていれば豊田さんの朝帰りはバレないと思って……。自分の布団が空っぽで私が叱られるのはいいと思って寝ました」

「そのときだったなあ、こいつは顔に似合わず目配り、気配り、心配りが出来る男だな、と思った。案外、投手として成功するかもしれんなあ、と認識を改めたよ」

稲尾が大投手に成長するプロセスで良くも悪くも豊田が深い関わりを持つことになる。しかし、入寮間もない稲尾はこの「怖い先輩」に悩まされっぱなしだった。

「朝帰りしたと思ったら、新人全員にお呼びがかかるんだよ。何が始まるかと思ったら、その夜の女遊びの微に入り細にわたる報告会なんだ。あれにはみんな参ったよ」

まだ卒業前の高校生や大人の世界の入口に立ったばかりのルーキーたちには何とも罪な「報告会」だった。

評価Cからスタート

稲尾の後を追うように平成十九年十二月に逝った花井悠は、稲尾の一年後、昭和三十二年に外野手として西鉄に入団した。慶大から社会人、日本石油とエリート・コースを歩いた人で元巨人監督の藤田元司とは大学、社会人で一緒だった。花井は昭和四十四年、二軍監督を最後に退団、プロ野球評論家として健筆を振うが、当時の西鉄というチームの雰囲気が強烈な印象として残っているという。

「いやあ、大変なチームに入ったと思った。キャンプで稲尾の球はカスリもしない。中西、豊田の打球の速さを見てまた自信喪失。怖くなって荷物をまとめて岐阜に帰ろうかと思った」という。

そのレベルの高さにエリートの鼻をへし折られたこともあろうが、それ以上に背筋が凍る思いをしたのは選手たちの同僚に対する強烈なライバル意識。

「エラーしてチームに迷惑かけようものなら誰も口を聞いてくれない。それどころか『お前、死ね』だもんなあ。まあ強烈な個性ばかりの集団で身の置き所がなかった」

「一人一閥」。「和して勝つ」でなく「勝って和する」が当時の西鉄のモットーだった。稲尾はそんな強烈なカラーのチームに新人として入団したのである。

首脳陣の稲尾評価はＡＢＣのＣランクだった。当時、二軍のピッチングコーチだった重松通雄（故人）は稲尾を見て「まあ生涯、二軍だろう」と判断していた。

「キャンプの前だから昭和三十年の確か十二月だった。新人全員を集めて大濠公園（福岡市中央区）でロードワークをやった。私は自転車で選手の尻を叩きながら公園三周のランニング。その時が稲尾との初対面だったが、とにかく足が遅い。ランニングフォームも基本が出来ていなかった。いつもアゴを出してどん尻。新人の中で稲尾が一番見劣りした」

重松はその後、大化けした稲尾に自身の不明を恥じることになるが、生涯悔しがっていたことがある。

「稲尾はなあ、若いときから走らなかった。もっと走りこんでいれば投手寿命はさらに長かったと思う。稲尾に連投させるもんだから、三原（三原脩監督）さんが甘やかしてなあ。『稲尾、ランニングはいいから休め、休め』だった。稲尾がもし金田（正一、元国鉄から巨人）のように走っていたら、まだまだ勝ち続けていただろう」

Cランク評価を受けたルーキー稲尾は、二軍スタートが当然と判断された。
ところが、二月一日、長崎・島原キャンプの初日、なぜか一軍メンバーのなかに稲尾の名前があった。

毎日四八〇球投げる

当時の西鉄の監督は知将といわれた三原脩。四十代の男盛りだが、妙に老成したところがあった。徹底した宿命論者で選手の持っている運、不運を采配に生かし、選手を信じる「性善説」でチームをまとめていた。

三原との出会いが稲尾の「運」だった。てっきり香椎球場での二軍スタートと思っていたら、一軍帯同のメンバーに入っていた。しかし実力が認められたわけではない。バッティング投手、つまり打者の練習用投手にひとり欠員が出て急遽、声がかかったというのが真相だった。

重松コーチによれば、三原さんに「身体は細いが地肩が強いのがいます。バッティング投手にいいですよ」と稲尾を推薦した。「なにしろバッティング投手はタフでないと務まらん。肩に自信がないとすぐパンクするからな」というわけだった。

主力打者相手に約一時間、一分間に大体八球前後投げるから約四百八十球を投げる計算になる。こんな重労働で主力投手が故障すれば大変、そこで計算外の投手たちがその役目を負わされることになる。

タイトな仕事だった。当時は今のように投手を守る防護ネットもない時代、一球投げるごとに捕球体勢をとらないと直撃弾に見舞われる。顔面を直撃されてプロ人生を終えた投手もいたという。それほど危険な仕事でもあった。

「ボールが続くと『馬鹿野郎、しっかり投げんかい』と怒鳴られる。豊田さんなんかわざと強烈なピッチャー返しのライナーを打ってニヤニヤしてるんだ。投げるたびに身構えなきゃならんから必死だったなあ」

稲尾に投手返しのライナーを見舞った豊田は、一塁を若手が守っていると、ショートからの送球にわざとカーブやシュートを投げて戸惑わせることもあった。

豊田によると「稲尾への投手返しは守備練習、一塁手への変化球も内野手にはボールの握りに癖がある。必ず真っ直ぐのいい球が送球されるとは限らない。変化球も立派な練習さ」となる。

この荒っぽい豊田流教育に「潰され」て球界を去った有望な若手もいるというから当時の西鉄は怖いところだった。

だが、稲尾はもともと楽天的でプラス志向が強い。先輩たちの厳しい洗礼にもひるんだり、自信を喪失することはなかった。

「バッティング投手をしたお蔭でフィルディングが巧くなった。荒っぽい教育をしてくれた先輩たちに感謝してるんだ」

後に絶品といわれた稲尾のバント処理や俊敏な身のこなしは、この命がけのバッティング投手経験で磨かれたものだ。

豊田の進言で一軍へ

稲尾は来る日も来る日も四百八十球を投げる「手動マシーン」のような生活を続けていたが、キャンプ生活の中で自分なりにふたつの目標を立てる。それは練習の中の工夫とライバルを見つけることだった。

そのうち中西太や豊田泰光、関口清治、大下弘といった主力打者たちが、稲尾の投球に首を傾げ始めた。

関口によれば、その理由は――。

「新人の名前なんて誰も知らないんだ。みんな背番号で『オイ、24番』と稲尾を呼んでいた。しかしその24番の球が日に日によくなってきたんだな。キャンプも後半あたりになると『オイ、24番、どうもお前の球は打ちづらい。練習にならんから他のやつと代われ』とベテラン連中がブーブー言いだした」

身長もぐんと伸び、プロの水に少し慣れて余裕も出てきたせいかもしれない。稲尾の球に切れと伸びが出てきた。しかし打者が不満を口にするようになったのは、実は稲尾なりの工夫を取り入れていたからでもあった。

「もともと打撃投手は、打者の打ちやすい球を投げてバッターを気持ちよく試合に送り出すのが仕事なんだ。しかし毎日毎日同じことやっていても自分にはプラスにならんじゃないか。そこで三球に一球は自分のための練習をした。つまり外角、内角の高低を投げ分けて先輩たちの反応を見たんだ」

稲尾入団当時の西鉄投手陣（左から稲尾、大津、西村、河村、島原、畑）

このあたりが、稲尾が並みのルーキーと違っていた点だ。

投球フォームも改造した。一、二、三の単調なリズムで投げれば打者はタイミングを取りやすい。二、三の間に「の」という間を入れて「一、二の三」で投げるにはどうすればいいのか。ここにも心を砕いた。

そこで、グンと右足のつま先で立ってこの「間」というか「タメ」を作る。試行錯誤を繰り返しながらあの稲尾独特のしなやかで美しい、つま先投法が始動したわけだ。誰に習ったわけでもない。自ら工夫し、努力して作り上げたものは強い。やがて稲尾はこの「つま先投法」で数々の伝説を作っていく。

打者たちはこのルーキーの創意工夫を知らない。稲尾の球に手こずりだしても我の強い連中ばかりだから「交代しろ」と言うだけだった。

しかし、稲尾のこの変化をひとりだけ見抜いていた打者がいる。またしても豊田だった。

「フォームがムチのようにしなってきた。それに何球かバットが折れる球がくるようになった。こいつ、オレたちの力量をテストしてるな、と思ったよ」

さすがに豊田の眼力は鋭い。もし豊田の眼力がなければ、稲尾の努力と工夫もそのまま見過ごされたかも知れない。事実、稲尾はキャンプ終了と同時に二軍行きが決まっていた。「24番、ご苦労さん」というわけだ。

しかし、豊田は稲尾の短期間の成長と同時に、寮生活で見せた細やかなのにタフな神経に投手としての適性を感じ、三原監督に進言する。

「オヤジさん。稲尾はいいですよ。ひょっとしたら主力になる玉かもしれません。このまま一軍に置いて遠征に連れていったらどうです」

豊田の推挙に快く耳を貸した三原の決断で稲尾の一軍帯同が決まった。

豊田、三原、この二人との「出会い」がなかったら、あるいはその後の稲尾があったかどうか。一期一会とは言いながら、稲尾の強運を改めて感じる。

ライバル畑の離脱

もうひとつのキィーワードがライバルだ。

身近にライバルがいてこそ向上心も高まる。かつての巨人の長嶋と王、西鉄の中西と豊田、近くは西武の秋山と清原。彼らは互いに激しいライバル心を燃やして自らを奮い立たせた。

「ライバルに負けるな、と強い気持ちを持つことが大事なんだ。中学生のときの畑との出会いがなかったらオレもプロで成功したかどうか」と稲尾は語っている。

稲尾のライバルは中学時代から同期の畑隆幸投手だった。奇しくも二人とも西鉄に入団してまた顔を合わせることになった。畑の背番号は23番、稲尾は24番。しかし同じ大分出身でも畑の球歴はさん然と輝いていた。畑は甲子園の土も二度踏み、小倉高校を準優勝に導いた逸材である。

それだけではない。豊田の言う「ボーッとした田舎出」の稲尾にひきかえ、畑は色白の好男子、今風に言えばイケメン。甲子園は畑フィーバーに沸き、追っかけが出るほどの人気、今ならさしずめダルビッシュ（日本ハム）やハンカチ王子の斉藤佑樹（早大）に負けない実力、人気兼ね備えたルーキーだった。

「別府の地方区のオレと違って畑は全国区の投手。並んでブルペンで投げてるとミットの音が違うんだ。『こいつ、本当に同期生か』と思ったよ」

今のスピードガンで計測すれば、畑は常に一五〇キロ前後の剛速球を投げていたと推測される。ライバルを得てどう感じ、どう考えるか。「こいつには敵わない」と尻尾を巻いて逃げるか、あるいは「いつかこいつを超えてやる」と激しい闘志を燃やすか。むろん稲尾は後者だった。

しかし稲尾の秘めた闘志などどこ吹く風と、畑は鮮烈なプロデビューを果たす。いきなり一軍入りはむろんのこと、四月から七月までに七勝をあげ、なんとそのうちの四勝は完封、防御率は一点台とリーグトップ。まさに黄金ルーキーの出現だった。まばゆいばかりの脚光を浴びるライバルの活躍を稲尾は複雑な思いで見ていたに違いない。

「最初に稲尾を見たとき、大したことないなあというのが正直な感想だった。しかし日を追うごとに切れのいい球が左右に散るようになってきた。それ以上に同期生みんなが驚いたのは欠点をすぐ矯正できる順応性の高さだ。我々が二ヵ月も三ヵ月もかけてマスターするところを稲尾は一週間でマスターしていた。こいつも凄いなあ、とすぐ認識を改めた」

ライバルはライバルを知る、ということだろうか。畑は後日、稲尾についてしみじみとこう語っていた。

しかし、わずか四ヵ月で七勝を挙げたこの黄金ルーキーが悲劇に見舞われるのはお盆を迎えようかという八月のことだった。

天才左腕と騒がれた畑の投手人生は、花なら桜に似て短かった。プロ生活十年の決算は五十六勝だった。畑の投手生命を奪ったのは腰痛、椎間板ヘルニアである。

「同期のライバルだけど同じ大分県人ということもあって、どことなくウマがあう。で、夜の遊びはいつも一緒だった。確か大阪遠征のときだった。無理やり畑を誘って遊んだ。二人とも朝帰りで大阪球場に直行した。試合前に軽くランニングしてたら畑が突然、イテテ、イテテと腰を抑えて倒れたんだ」

畑はやむなくここで戦列離脱した。「オレの責任かもしれない」と、稲尾は畑の戦列離脱を気に病むことしきりだった。しかし、畑によれば、別の事情があった。

「実は自分の知らないところで、『プロに行くなら南海に』という一札が南海に入れられていた。ならば西鉄と南海との二重契約じゃないか、ということでコミッショナーから西鉄のキャンプ参加に待ったがかかり、やっと参加できたのは、もうキャンプも終わりのころだった」

その結果、「遅れを取り戻そうと無理したのが腰にきた」のだという。あせった畑は、腰にいいと聞けば全国どこへでも出かけて治療したが、一度壊れた腰が元に戻ることはなかった。腰痛を友達にしながら畑は西鉄から中日へ移籍するが、失われた快速球が再び戻ることはなかった。

「教えて欲しけりゃ金持って来い」

主力打者からも打撃練習では嫌がられるほど球の切れが出てきた稲尾だったが、当時はまだストレート一本槍。後に稲尾の代名詞となる〝伝家の宝刀〟のスライダーはまだ開発されていない。

「内外角に投げていると自然に小さく変化するんだ。ナチュラルのスライダー、シュートだったろうなあ」

稲尾の変化球はまだその程度だった。

「先輩に、カーブの投げ方を教えてくださいって言ったら『教えて欲しけりゃ金持って来い』って怒鳴られたよ」

教えを乞うたのはエースの西村貞明投手（前年、昭和三十年十九勝）。大津守（同二十一勝）、河村英文（同二十一勝）、川崎徳次（同十七勝）と並ぶ西鉄投手陣の〝四天王〟の一人で、西村のカーブは天下一品といわれていた。

似たような話は野手にも多い。例えば豊田。速球には滅法強いが、カーブが大の苦手だった。当時の西鉄でカーブ打ちの名人はベテラン関口だつた。悩む豊田はどうしたらカーブを打てるのか、関口に教えを乞うた。「だったら金払え」と言われて愕然とする。

後年、二人はよく盃を交わす仲だったが、杯を重ねるうちに豊田が「金持って来い」の話を持ち出し「言った」「言わぬ」でお開きになるのがいつものパターンだった。

自分が血のにじむような努力と工夫で編み出した極意をやすやすと後輩に伝授するほどプロの世界は甘くない。まして同僚とはいえ後輩は自分のポジションを奪うかもしれない競争相手でもあるのだ。

意外や開幕戦でデビュー

稲尾のプロ初登板は意外や意外、平和台球場の桜がまだ八分咲きの三月二十一日の開幕戦だった。相手は大映（後毎日と合併し大毎オリオンズに、現在のロッテの前身）だった。だから稲尾がライバルと意識した畑よりも初登板は早い。

ルーキーでしかもバッティング投手が開幕試合に登板するなど前代未聞である。しかしこれには訳がある。開幕投手・河村英文が先発したが、五回までに打線の爆発で11―0と大差がついていた。そこで高校の先輩、河村が「オヤジさん、あとを稲尾を投げさせてみてくれませんか」と三原監督に直訴してくれたのである。

当時はシーズン百五十六試合という長丁場のペナントレースだったから、主力ピッチャーはなるべく休ませたい、という首脳陣の思惑もあったかもしれない。だがそれにしても大胆な起用ではある。

「河村先輩から『稲尾、高めは一発くらうから、それだけ気をつけて投げろ』と言われてマウンドに上がった。とにかく無我夢中、日比野さん（故人）のミットを目がけて必死に投げただけだった」

しかし終わってみると、四回をピシャリと完封。大差がついていた試合とはいえ、稲尾株が上がったことは確かだった。結果、ライバルの畑より早いデビューとなった。とは言え、これで先発ローテーションの一角に食い込めるほどプロの世界は甘くない。

その後の稲尾は敗戦処理投手などを黙々とこなした。しかしなぜか打たれない。特に首脳陣が注目したのは制球力のよさ、常にストライクが先行して、打者を自分のペースに引き込んでいくのである。

これは重要でたとえどんなに球威があってもボールが先行する投手はあまり大成しない。打者のペースに引き込まれ、ストライクを取りにいかざるを得なくなり、痛打を浴びるケースが多い。だからマウンドでの投手心理の微妙な変化は、制球力の良し悪しで決まる。稲尾の落ち着きはらったマウンドさばきは、彼のコントロールのよさから生まれている。

先発の機会も意外に早くやってきた。四月五日、相手は高橋ユニオンズ（翌年大映と合併）、七回を三安打無失点だったが、打線の援護がなく勝敗はつかなかった。上々の成績である。

一方、畑はと言えば、契約のゴタゴタが解決してやっと開幕直後に合流、五月六日の近鉄戦に先発し二安打完封で初勝利、三日後の南海戦で早くも二勝目、十九日には三勝目をあげ、先発ローテーション入りを果たした。

やがて三原監督も川崎徳治投手兼ピッチングコーチも「稲尾、もうバッティング投手はせんでいい」と言い始める。

強運が呼んだ新人王

当時のライオンズの台所事情をみると、稲尾の「強運」を感じざるをえない。この年、西鉄投手陣の柱である〝四天王〟にややかげりが見られはじめ、新旧交代の波が静かに押し寄せていた。

そこへ鮮烈デビューをした畑も腰痛から戦列離脱、さらに岸和田高出身で畑と双璧の同期生との呼び声の高かった西原恭治投手が、投げると指先がはれ上がる奇病にとりつかれて戦列を離れた。

そんな偶然も重なってバッティング投手としての一軍帯同だった稲尾にも登板のチャンスがめぐってくることになる。稲尾はこの「運」を手元にグンと手繰り寄せ、与えられたチャンスをことごとくものにしていく。

二度目の先発も勝敗はつかず、待望のプロ初勝利は五月二十日の高橋ユニオンズ戦だった。川崎球場で先発した稲尾は五回を投げて被安打1、無四球、5奪三振、無失点、六回から先輩河村の救援を受け、3－0で快勝、初勝利をあげる。

どうしても破れなかった殻を自らの力で破ると、若さというのは怖い。先発組に入り、一試合ごとに経験を積み、自信を深めていく。

先発入りしてからというもの稲尾はフル回転で三日後に二勝目、一週間後には三勝目、六月に入ると大映戦で初めて完投勝利、出遅れた畑よりひと足早く四勝目をあげた。

「面白いように勝星が転げ込んできた」と本人が言うように、稲尾は七月には早くも十勝のふたけたに勝星を伸ばしたが、負けはこの段階ではわずか一だった。

この試合で稲尾は足首を捻挫して二軍落ちとなるが、二週間後に復帰すると目覚ましい活躍をみせる。

この年、西鉄は九月には南海に7ゲーム差をつけられ二位だったが、最終戦の前についに逆転、二年ぶりにリーグ征覇をなしとげる。

シーズン後半、稲尾は残り二十七試合中二十試合に登板して七勝二敗、六試合連続登板ということもあった。後に稲尾の代名詞のようになる連投に次ぐ連投の下地となるタフネスぶりはすでにデビューの年に刻まれていたのである。

結局、デビューした昭和三十一年の稲尾は、二十一勝六敗、防御率は1・06という活躍で、新人賞に輝く。ルーキーとしての勝数も素晴らしいが、防御率のよさがさん然と光り輝く。いや、それ以上に周囲を驚かせたのは稲尾のタフネスぶりである。

現在、もし稲尾みたいな投手がいたら監督はさぞかし楽なことだろう。

魔術師・三原と稲尾

知将とも魔術師ともいわれた三原監督と稲尾の師弟関係は、実は稲尾がデビューした昭和三十一年から三十四年までのわずか四年間である。この短期間に凝縮された二人の野球人生は実に濃密で、球史に残る鮮烈なものだった。

稲尾の「鉄腕人生」の台本作家であり演出家は三原だった。その三原演出の「奇跡のドラマ」で主役を演じたのが稲尾だった。

三原監督と稲尾（左端は川崎ヘッドコーチ）

三原は昭和三十四年を最後に九年間の西鉄監督生活に別れを告げ、大洋ホエールズ（現横浜）の監督に転じ、それまでの最下位チームを就任一年目で日本一にした後、近鉄、ヤクルトでも采配を振るった。

三原は西鉄を去った後、「投手族というのは気が強くわがまま者ばかりで扱いにくい。しかし一人だけ例外がいた。稲尾だった」と語っている。「頼まれるとＮＯと言えない」のが欠点の稲尾、その人心掌握は天才的といわれた三原にとって、稲尾の操縦はたやすかったろう。稲尾、稲尾、稲尾、雨、稲尾といったローテーションも組みやすかった。

「よく人から三原さんに酷使されて投手寿命が縮まったと言われたが、そうは思わんなあ。スタンドから『稲尾！』の声がかかる。三原さんから

『悪いなあ、稲尾君』と言われると、より意気に感じるんだ。連投させてもらえるのは男冥利、いや投手冥利につきるよ。感謝こそすれ、恨みなんてこれっぽっちもないよ。打撃投手だったオレの野球人生を華やかにしてくれたのは三原さんだもんな」

三原のライオンズでのあだ名はタヌキだった。稲尾も三原のタヌキぶりにびっくりさせられることと再三だった。稲尾がよく話していたのは、昭和三十三年の大阪球場でのひとコマだ。

ライバル南海との試合前だった。前日完投したばかりの稲尾が外野で軽くランニングをしていると、三原に呼ばれた。

「稲尾君、明日の登板はないから、今日はゆっくり休みなさい。夜遊び結構だから」と小遣いまで渡された。三原の粋なはからいに感激した稲尾が〝夜遊び〟に直行したことはいうまでもない。

「朝帰りして遅れてグラウンドに行ったんだ。今日は非番だなとのんびり構えていたら先発を告げる場内アナウンスが聞こえてきた。耳を澄ますと『九番ピッチャー稲尾』だもんな。あわててベンチに戻って、三原さんに『確かきのう、登板はないと……』と質すと、『ん？　そんなこと言ったかな』だもんな。参ったよ」

しかし三原のこんなタヌキぶりは稲尾に通じても、気の強い豊田や河村には通用しない。

豊田は投手交代のタイミングや采配に疑問を持つと、抗議をこめてベンチの首脳陣めがけてボールを投げ込んだ。

河村は「人間とは口をきくが、タヌキとは話さない」と宣言して三年間、三原と一切口をきかなかった。とにかく頑固な一徹者だった。こんな三原との確執が元で河村は西鉄から広島に去っていく。

野球界にはサルもいれば狼や羊もいる。稲尾は「サイちゃん」のニックネームで親しまれていた。

初めての日本シリーズ

二年ぶりにリーグ征覇をなしとげた西鉄は日本シリーズで巨人と対戦する。

巨人・水原、西鉄・三原、両監督〝因縁の対決〟をマスコミは「巌流島の決闘」とはやしたてた。この日本プロ球界の創立者と言っても過言ではない二人は、郷里の高松時代からのライバルで、後には早慶時代、そして巨人時代の因縁がつたかずらのようにからまり、巨人では両雄並び立たず、去った三原は「必ずや再びあいまみえん」と宣言して関門海峡を西に下ってきた。

この因縁対決でシリーズはいやがうえにも盛り上がり、両チームの選手たちもそれぞれの監督を「男」にせんものと意気込んでいた。

しかし、稲尾はそんな因縁も当時は知らないから、過剰な意気込みもプレッシャーもない。淡々とシリーズに臨んだ。

その第一戦、これも三原魔術のひとつであろうか、先発は予想外の投手コーチ兼任の川崎だった。このシーズン、投手陣の勝ち頭は二十五勝のエース島原幸雄、稲尾と西村貞朗が二十一勝で並んでいた。川崎はわずか二勝しかしていない。

案の定、初戦は0－4で大友工投手に完封敗けを喫した。これも三原の計算のうちに入っていたのだろう。初戦は負けてもいい、選手たちを慣れさせればいい、そんなところか。そのかわり主力

熱狂的なファンで埋まった平和台球場

投手全員を登板させている。川崎一回、西村三回、島原三回、稲尾も八回に一回だけ登板し、被安打1、三振2を奪った。

第二戦、巨人は大ベテランの別所の先発、対する西鉄は何とルーキー稲尾の先発だった。この新旧対決は稲尾に軍配があがった。西鉄は巨人の繰り出す四投手に12安打を浴びせ、稲尾は勝利投手こそ逃したものの四回⅔を5安打2失点で切りぬけ、島原にマウンド譲り、6―3で星を五分に戻し、平和台に戻ってきた。

第三戦は堀内―西村の先発。巨人は不調の西村から二回に一挙4点を奪い、優位に試合を進めていたが、二番手の河村が五回を1安打無失点に抑え、八回から稲尾を投入した。1―4と劣勢の場面で稲尾の登板である。しかし、西鉄はその裏、豊田の2ランに稲尾のヒットまで出て一挙4点をあげて逆転、稲尾は二回を無安打4三振とスイスイと投げ、シリーズ初勝利を手にした。

第四戦は大友―島原の先発で投手戦となり、四連投になる稲尾は0―0の四回から救援登板、ところが稲尾はまた

初の日本一、福岡市で優勝パレード

してもツイていた。中盤から終盤にかけ打線の援護で4－0と二勝目を手にした。

第五戦は打撃戦となり、五連投になる稲尾は五回に登板したが、巨人打線から3失点、一死もとれず降板、12－7で巨人が大勝した。第六戦から再び舞台は後楽園となり、六連投になる稲尾が先発、巨人打線を4安打完投して三勝目をあげた。

前々年の中日とのシリーズに敗れた西鉄にとっては、初の日本一である。これでさすがに関東のファンたちも西鉄を「サイテツ」と読む人はいなくなった。

シリーズの最優秀選手は4割5分8厘を打った豊田が首位打者とともに獲得、稲尾は六試合すべてに登板して三勝〇敗、防御率2・35で最優秀投手と敢闘賞に選ばれた。開幕時にはまだ打撃投手だったルーキーの「大化け」だった。

このシーズンの記録をひも解いてみると、タイトルを西鉄勢が独占している。新人王・稲尾、最高殊勲選手・中西、最高殊勲投手・島原輝雄、ホームラン、打点王・中西、首位打者・豊田である。中西二十二歳、豊田二十一歳、稲尾十八歳、若者の底知れぬ可能性とエネルギーが爆発したシーズンであり、西鉄の快進撃を予告するシリーズでもあった。それはまた、福岡を本拠としたローカル球団が在京の常勝球団を打ち砕いた快挙であった。

孝行息子の恩返し

西鉄の快挙に博多の街は沸きかえった。稲尾が郷里・別府に凱旋すると歓迎の嵐が待っていた。そんな折、母カメノから父久作が重い病をわずらっていることを耳打ちされた。しかも末期の胃癌だという。

「三年たってもダメだったら帰って漁師をやれ」と言って稲尾をプロ野球界に送り出した父もさすがにもう「漁師の跡を継げ」とは言わなかった。

父の癌を知らされた稲尾が「何か欲しいものはないか」と聞くと、「陽の当たる家に住みたいのう。ばあさんを住ませてやりたい」と言う。

「三百万円必要だった。球団に借金を申し込むと当時の西亦次郎・球団社長が、『女の後始末か』だもんな。当時よく遊んでいたからそう思われたんだろう。西さんが『貸さん』と言うから、自分で何とかしようと悩んでいたら、西さんから呼び出された。『親父に家を建ててやるんだって？

なぜはっきりそれを言わなかったんだ』とポンと三百万円貸してくれた」

球団からの借金で、稲尾は父の漁場である別府湾が一望できる高台に家を求めた。両親はこの家に引っ越したものの、その五日後、久作は静かに息を引き取った。一本釣りの名手といわれ、生涯、潮流激しい豊後水道の海と闘った久作は海に生まれ、海に還った。

小さい伝馬船を操りながら板子一枚下は地獄という海と闘い続けてきた久作。その生きざまは稲尾の人格形成とその後に多大の影響を与えている。

「波が荒く船が沈みそうになったときでもオヤジは落ち着いて冷静なんだ。『ええか和よ、人間、腹すえてドンと構えることが大事なんじゃゃ』が口癖でなあ。大シケでもオヤジは慌てず騒がずで波の動きを冷静に読んで櫓を操った。それが海の男、それが漁師なんだ」

久作は一本釣りの名人といわれ、一本の糸にすべてを託し、指先の微妙な感覚で魚の動きをキャッチした。小さな伝馬船の中で見せた父の精神的な強さと名人芸は、その後の投手・稲尾の原点となった。

「足腰もケタ外れに強かったなあ。オレがプロ入りしたとき、オヤジはもう還暦を過ぎていたが、相撲をとったら敵わなかった」

稲尾の強靭で柔らかい足腰、ピンチに動じない冷静さ、指先のとぎ澄まされた感覚から生まれたコントロールのよさ。久作は海に還ったが、そのDNAは稲尾に確実に受け継がれていた。

「家貧しくてし孝子出ず」とは最近ではあまり耳にしなくなった格言だが、稲尾が野球界に入った昭和三十年代にはまだ生きていた。春になると上野駅は東北からの集団就職列車でやってくる〝金のタマゴ〟といわれた中学卒業生たちでごった返した。敗戦から十年、日本はまだ貧しかった。プロスポーツの門を叩く若者たちの目的も今のように「夢の実現」ではなく、「両親や家族を楽にさせたい」だった。

稲尾はルーキー時代、月給三万五千円の中から毎月、両親に一万円の送金を欠かさなかった。稲尾に限らず選手たちはみな家族や家庭を背負ってグラウンドで闘っていた。

立教大学進学が決まっていた豊田は、父親の急死で進学を断念。残された母と三人の弟妹の窮状を救いたい一心からプロの世界に飛び込んだ。長男という家長意識もあって弟妹の学費から生活費まで仕送りし続けた。

中西も例外ではなかった。父親を早く亡くし、野菜の行商で生計をたてる母に育てられている。中西も入団二年目の昭和二十九年、球団に二百万円の借金を申し込んでいる。

「苦労のかけっ放しで、あまりいいこともなかった母に少しでも恩返ししたい。二百万で家を建ててやりたい」。そんな思いに球団も応えた。ビジネスの中にもまだ情があった。

しかし、なぜか豊田の同趣旨の申し入れには「どこの馬の骨かわからん奴に金は貸さん」と拒否した。

「家族にはどうしても関東から出られない事情があった。で、何とか東京近辺に家を建ててやりたかったんだ。それを馬の骨と言われた。悔しくて悔しくて涙が出たよ」

豊田は昭和三十七年、西鉄を去る。去った原因にはいろいろあったが、球団関係者の心ない言葉も遠因になったことも間違いない。

家族を背負って稲尾も、中西も、豊田もハングリー精神をむき出しにして闘っていた。

「実るほど頭を垂れる……」

稲尾の一年目の活躍は誰しも認める目覚しいものだった。

しかし、「出る杭は打たれる」のならいで、稲尾はチーム内の冷ややかな視線を浴びることになった。

稲尾の登板が増えることは即先輩投手たちの登板機会が減ることを意味する。極端に言えば、先輩たちの仕事を奪う結果につながる。稲尾の活躍は先輩たちの妬みや恨みを買うことにもなった。男の嫉妬は結構陰湿だ。試合が終わってロッカールームの戸を開くと、着替えがきれいになくなっていたこともある。

「先輩連中の荷物運びも稲尾に集中していたなあ。遠征先じゃ、『オイ、稲尾』で、駅のフォームにポンポン荷物が投げ捨てられる。ひとりで抱えきれない大きな荷物を必死になって運んでいた。同期生たちが見かねて手伝おうものなら『お前に頼んだんじゃない』と殴られる始末だった。しかし稲尾はどんな酷な要求にもハイ、ハイと応じていたよ」

当時のマネージャー、後にフロント入りした藤本哲男（故人）は稲尾の我慢強さに舌を巻いたひとりである。

先輩たちの荷物運びから靴磨きをはじめ、用具、ボールの運搬・管理は新人の仕事だった。いまではこんな雑用は球団が受け持ち、選手たちは身一つで遠征や移動ができる。新人たちは随分と楽になったが先輩、後輩の間に厳然と横たわっていた長幼の序はその分薄れてきた。

「怖い先輩ばかりでなあ。挨拶が遅いといっては殴られる。先輩より先に飯食ったり、風呂に入ろうものならもう大変。連帯責任で新人全員二時間の正座。バットの上の正座だから痛いのなんのって」と稲尾。

昭和三十年代、チームにはまだ軍隊帰りの選手もいて、「軍人精神」を叩き込まれた。とりわけ憲兵上がりの野口正明（故人）はやかましかった。西鉄草創期のエースで福岡・飯塚の出身。筑豊独特の気は荒いが情に熱い典型的な「川筋男」だった。

当時の球界の大スターで西鉄の顔だった大下弘と大喧嘩になり、出刃包丁を引っさげて追いかけ回したほどの猛者。後輩の礼儀作法には特段に厳しかった。

しかし、元来プラス思考で楽天家の稲尾は、そんな冷たい視線や、いじめのような仕打ちもあまり気にかけずやりすごしていた。稲尾には母譲りの「我慢」が体に刷り込まれていた。

稲尾は短期間だが、二軍の生活からも「我慢」の二字を学んでいる。なにしろ当時の二軍はユニフォームやボールなどの用具類から食事まで一軍とは格段に差別されていた。ユニフォームは一軍のお古、ボールも真っ黒に汚れた黒球だった。

後に西鉄の斬り込み隊長といわれた高倉照幸も二軍から這い上がってきたひとりだが、当時の差別は忘れられないという。

「お前らこんなユニフォーム着るには十年早い、と怒鳴られる。それだけならいい。しかし理由もなく殴るんだ。悔しかったねえ」

二軍の選手が一番、堪えたのは食事の差別である。一軍選手は肉中心、二軍はどんぶり飯にタクアン。

「意地の悪いレギュラーがいてね。オレたちの前でこれ見よがしにステーキを食べるんだ。オレたち二軍を見下して『美味いッ!』って大声で言うんだ。クソーッ、今に見てろって思ったもんだよ」

今では一、二軍の垣根も低くなり、待遇も飛躍的によくなったが、当時はそんな差別が厳然として存在した。稲尾の二軍経験は短期間だが、同期生たちの二軍生活を覗いたことは大きなプラスだった。

第三章　うなる鉄腕

ジンクスとは無縁だった

当時の西鉄のキャンプ地は長崎県島原市だった。常宿の国光屋の鐘ヶ江管一社長（前島原市長）によれば「大食漢は一に稲尾、二が仰木」だったという。

仰木彬（前オリックス監督）が昭和二十九年の新人時代にどんぶり飯十一杯を平らげたのがそれまでのチーム記録だったが、それを稲尾は十三杯で破っている。

「オイ、河村、別府の子供は飯食ったことないのか。お前の後輩は牛の生まれ変わりかって、からかわれてなあ」と、先輩の河村は苦笑していた。

胃袋がふたつも三つもあるといわれた稲尾だが、この食欲が着実に血と肉になった。入団時の稲尾の身長は一七七センチ、体重六五キロだったが、キャンプ終了時の身体検査では身長が一八〇センチ、体重は七一キロに増えていた。

「アレッ、お前、いつの間に」と同期生たちは目を丸くした。十八歳の青年の身長がわずか数ヵ月で三センチも伸びた！　たかが三センチというなかれ、この突然変異が後の鉄腕誕生の伏線である。本人も「一年目は投げるたびに球が速くなるような気がした」と語っている。

昭和二十八年から三年続けて、前年の新人王が翌年みんな不振に陥った。そんなことから球界では「二年目のジンクス」が言われるようになった。

ルーキーで活躍した選手が、なぜか二年目は振るわないのである。過去のデータを分析した科学的根拠があるわけではない。ただ新人はえてして一年目は目いっぱい突っ走り、ややもすればオーバーワークになったり、あるいは自信過剰から天狗になり、相手を甘くみてしまうことなどが重なって不振に陥るのではなかろうか。

しかしこのジンクスにも稲尾は無縁だった。父の教えを守って天狗にもならなかった。先輩投手たちの冷たい視線もやりすごし、ジンクスどころか二年目はさらに飛躍を遂げるシーズンになった。

それまでほとんどストレート一本やりできた稲尾は、二年目からスライダー、シュートの開発に取り組む。完成はまだ先のことだが、球種を増やせば投球にはぐんと幅が生まれる。ストレートもさらに生きてくる。

稲尾のスライダーはよく切れた。いまの投手のそれは小さく落ちるカーブ系が多いが、稲尾のスライダーは外角のベースをかすめて外に逃げていく。

「ボールかな、と思ったらベースをかすめたストライク。外角に狙いを絞っていると、その心理を見透かしたようにズバッとインコースを攻めてくる。脱帽だったなあ」

当時の大毎打線の四番、山内一弘は稲尾を「野球秀才だ」と評した。

この年（昭和三十二年）、チームはリーグ優勝して再び巨人と日本シリーズで対戦するが、西鉄は四勝一分と圧勝して連続日本一に輝いた。

高倉、豊田、中西、大下、関口と続く打線の破壊力は両リーグ随一。前年のシリーズで巨人を破った自信と勢いに乗って「巨人なんて大したことない」と見下した結果だった。

このシリーズ、あっという間に決着がついたこともあって稲尾の出番は二試合だけだった。チームにとって大豊作の秋だったが、稲尾にとっても、このシーズンは前年にまして価値あるシーズンとなった。

今も破られぬ二十連勝

稲尾二年目の記録をひも解くと山内が稲尾を「野球秀才」と評した言葉もうなづける。六十八試合に登板して三十五勝六敗、投球回数373回⅓、防御率1・37。登板数、イニング数、勝率、防御率ともにリーグ第一位、投手部門のタイトルすべてを独占した。

しかも、この間七月十八日の大映戦の完封勝利から十月一日の大毎戦まで負け知らずの二十連勝という大記録を樹立した。

この記録は巨人・松田清の記録に並ぶものだが、松田の記録は二シーズン（昭和二十六〜二十七年）にまたがってのもので、一シーズン二十連勝は新記録である。

20連勝当時の稲尾の投球フォーム

「私とは内容が違いすぎる。稲尾君の記録には頭が下がる」と松田はエールを送ったが、この記録は多分、これからも破られることはなかろう。

投手の登板間隔がきっちり守られ、中五日、六日の休養が与えられている今日、170イニングも投げようものなら、「酷使だ」と訴えられかねない。六十八試合も登板することもなければ、370イニングも投げる時代ではないからだ。

稲尾にとっても連投に次ぐ連投が苦痛でなかったはずはない。しかし、決して愚痴をこぼすことはなかった。先輩の関口はこう証言している。

「南海との激しい首位攻防戦で、稲尾は連投につぐ連投だった。確か大阪の宿舎だったと思う。稲尾が外出もせずに珍しく静かに寝ていた。お前も大変だろうなあ、疲れているだろう、と声をかけると『ハイ、全身が抜けるようにきついです。こうやって横になって疲れを抜いているんです』と言う。ひょいと枕元を見ると氷枕だ。熱があるのか？と聞くと稲尾は否定も肯定もせず、ただ『誰にも言わないでください』と言うだけだった。若いのにこいつは凄い男だ、と改めて稲尾の顔をみたなあ」

「稲尾は実戦を通してうまくなっていった」とは同期のライバル畑の評価だが、確かに稲尾は一戦ごとに学習して適応力を高めていった。打たれた失敗の中からも学んだに違いない。しかし、もともと稲尾は楽天的な性格で徹底したプラス思考である。むしろ失敗より成功をバネにして大きくなったとも言えそうだ。

例えば三割打者と二割打者の違い——二割打者は「打てない」と悩む。「どうして？　なぜ？」

と自分を追い込み、一睡もせずにバットを振り続けたりする。しかし、これでは悪いフォームをセメント化するようなものである。

三割打者はたいてい気分転換が早い。「今日も打てない」ではなく、「今日は打てなかった」と気持ちを切り替えて次に備える。

「いまどきの選手は気分転換が下手だよなあ。オレなんか打たれたことはすぐ忘れて遊んだもんだけどなあ」

後年、指導者になった稲尾はよくそう言って、首をかしげていた。

稲尾流〝読心術〟

プロ入り二年目にして早くも大投手の仲間入りをした稲尾にも変化が見られるようになった。

嘘と言えば語弊があろうが、嘘がうまくなった。自分が打たれた球種を正確に明かさなくなった。スライダーを打たれても、記者の質問に「シュートを打たれた」と煙に巻く。シュートを打たれれば「スライダー」と言い、まっすぐを打たれると投げもしない「フォーク」などと答えるようになった。

しかし、そんなタヌキぶりが間もなく露見する。若い捕手は正直だ。打たれた球種を記者に正直に話した。稲尾は珍しくカンカンに怒り、ベンチの中で捕手を叱りつけた。

「どうして本当のことを言ったんだ」

その怒鳴り声があまりに大きかったため記者に聞かれてしまったのである。やがて「稲尾はサイじゃなくタヌキだな」という風評が立つ。

「翌日の新聞を見て他球団の選手がいろいろ参考にするだろう。嘘をつくのは敵を欺くための作戦なんだ。それに球種は投手にとっては企業機密だ。それをバラすのは自分で自分の首を絞めるようなもんだ」

稲尾はマスコミを通じて、少々大げさに言えば情報操作をやっていたわけだ。

このころから稲尾は、チーム内で「サイ」というニックネームで呼ばれだした。ルーキーのときは「おい、そこの24番」だったが、試合に出るようになって「稲尾」、やがて「サイ」になった。誰が名づけたのか、どうやらあの眠そうな細い目と体型が何となく動物園のサイに似ているところからの命名らしい。ところが目覚しい活躍で「お前のサイは動物のサイじゃなく、天才のサイだな」と先輩たちが言い出した。

「言葉とは便利なものだとつくづく思ったよ」と稲尾は苦笑していたが、後年、球界ではもっぱら「サイちゃん」で通っていた。球界動物園にはタヌキやキツネもいればトラもライオンもいる。そこにユーモラスなサイが加わったのもご愛嬌か。

さて、リーグ連覇、日本シリーズ優勝、稲尾はその立役者である。各チーム、各打者は当然のことながら稲尾攻略策を練ってくる。

大毎の山内一弘、榎本喜八、葛城隆と続く〝ミサイル打線〟とは骨身を削る思いで闘い続けねばならない。宿敵、南海では野村克也が台頭、稲尾に並々ならぬ闘志を燃やしていた。

稲尾は打者心理や打席での打者の微妙な動きなどをキャッチするいわば「読心術」を磨き始める。

バッテリー間の距離は一八・四四メートル。稲尾はまずボックスに入った打者と目を合わせて顔色をうかがう。ボックスの中の打者の微妙なしぐさや動きから打者の狙い球、その心理を推測する。

「自信のないバッターは目を伏せる。もう最初からオレとの勝負に負けてるんだ。熟練したバッターは睨み返してくる。そこで投手とバッターの技と気持ちを賭けた勝負が始まるんだ」

そんな高度な投球術はいわば熟練の域に達したベテランの技なのだが、それを二年目から自身のテーマに据えたところが、稲尾の稲尾たるゆえんであろう。この技が「超一流」と「一流」を分ける。

「バッターは打席の中では正直なんだ。例えば外角を狙うとするだろ。その気持ちの表れがすぐ動きに出る。右打者なら右足と右肩がわずかだが外に向く。内角を狙っていたらその逆。何としても打ちたいという気持ちがそうさせるんだろうな」

余談になるが、稲尾は日常生活でも顔色から相手の心理を言い当てるのが巧みだった。実は筆者がまだ独身のころ、心中を見透かされてドキッとしたことが何度もある。

「お前、女で悩んでいるだろう。どうするか早く結論を出さないとアリ地獄だぞ」

心理学者顔負け、ズバリの指摘だった。稲尾の助言通り早期解決したら、また指摘された。

「顔がすっきりしたな。無事、解決だな」

やはり目は口ほどに物を言うのか。心中の動揺や感情を目や顔は正直に表現するらしい。

「稲尾攻略に生涯を賭けた」野村

その稲尾の投球術だが、年を経て円熟の境地に近づくにつれ、数々の名勝負が生まれた。

しかし、稲尾の時代は、今のようにテレビの解説が微に入り細をうがって投手対打者の駆け引きや「読み合い」を解き明かしてはくれないから、スタンドのファンからは見えにくい。

戦後初の三冠王になった野村克也と繰り広げた勝負もそのひとつだった。

「今でこそ投球の組み立てをやかましく言うようになったが、最初にそれを編み出したのは稲尾なんだ。各打者相手にそれぞれ勝負球を決めて、その球を生かすための配球を考える投球術だ。しかしこれは並みのピッチャーじゃ真似できない。捕手の構えたところに球が行かない逆球ばかりの昨今の投手じゃ無理な高等技術なんだ」

野村は「稲尾の存在なくして今日の自分」はなかったと言う。

野村は昭和二十九年、京都・峰山高校という野球無名校から南海にテスト入団した。そのテスト生が入団三年目に先輩捕手からレギュラーポジションを奪い、三十四年には三十八本塁打でホームラン王になり、ひたむきな努力で素質を一気に開花させた。

父は戦病死、母はひとりで二人の兄弟を育てた。野村もまた「お袋孝行したい」一心でプロの門を叩いたひとりである。テスト入団から瞬く間にスター選手にのし上がった背景にはむろん身体能力の高さもあるが、まずはそのハングリー精神だった。

「あのケチが」とチームメートから陰口をきかれることも多かったが、意に介さず「信じる道」をひた走った。引退では「長嶋や王が太陽ならオレは月見草」という名言を吐いたが、そのバックボーンはコンプレックスだった。

「よく人はコンプレックスを持つのはよくないって言うだろう。しかし俺はコンプレックスを持つのはいいことだ、と言い返すんだ。俺は野球エリートでもなくテスト生あがり。コンプレックスのお陰でここまでこられたと思っている」

劣等意識を薬とするか毒とするか、野村は前者だった。

両脇をしっかりと絞るコンパクトなスイング。野村一流の打法から白球はポンポンとスタンドに吸い込まれていった。類まれな強い手首と柔軟な足腰から長打は生まれたが、野村の凄さは投手の配球を読む鋭い洞察力だった。捕手というフィルターを通して、バットマン野村が誕生したと言ってもよい。

「ヤマかけの名人だった」と、稲尾が舌を巻いたように野村が外角に狙いを絞ると、ピッチャーはまるで魅入られたようにその外角に投げてホームランされた。しかしヤマを張る、つまり「読みのうまい打者」には欠点も多い。読みが外れると一割打者のようなもろさをさらけ出す。

野村も例外ではなかった。「読み」と違う球がくるとバットはむなしく空を切った。二人の「読み合い」が数々の名勝負を生んだ。

キツネとタヌキの化かしあい

稲尾は野村のオトボケに何度もだまされた。〝アホ役〟で有名だった藤山寛美に似た風貌の野村は打席の中で見事に寛美を演じた。

「目はそらす。スライダーを投げると悲しそうに絶望的な顔をする。よし、今度もスライダーだ、と投げると右中間にカチンと打たれた。演技しながら実は俺のスライダーを待っていたということさ」

ふたりのしのぎを削る闘いがファンの感動を呼び、興奮を与えた。

しかし、上には上がいるものである。野村が打席でしばしば見せたオトボケを上回る名演技を見せたのが豊田だった。豊田を打席に迎えて野村はカーブを要求する。バットとボールが三〇センチもずれた見事な空振りである。

「豊田はカーブに全然タイミングがあってない。よし、勝負球はカーブだ」

しかし、野村の答えは間違っていた。豊田はカーブをわざと空振りしてそのカーブを待っていたのである。野村の読みを狂わせてホームランする度に、豊田はしてやったりとヘラヘラ笑いながらホームイン。苦虫を噛みつぶしたような野村に「ざまーみろ、バカ」と少々品のないキツーイ一発。

「中西さんに打たれても腹は立たなかったが、豊田に打たれたらカッカッしたなあ」

化かしあいに負けた野村の悔しさは尋常ではなかった。

後年、豊田は「野球は格闘技」と言い、野村は「野球は知的スポーツ」と言った。二人の人生観、野球観の違いを際立せた言葉だが、両者とも球界への貢献度は高い。

名勝負の第二幕

野村は初めのうちカーブが苦手だった。

Ｖ２の西鉄メンバー（左から高倉、豊田、中西、大下、関口、河野、仰木、和田、稲尾）

野村が打席に入ると「カーブが打てない野村！」と目の肥えたファンがスタンドからヤジを飛ばす。一念発起した野村は、相手投手を注意深く観察することで、その微妙な癖を見抜いて打率を上げていく。ところがどうしても打てない投手がいた。稲尾だった。

「彼の場合、ストレートもカーブもスライダーもシュートも、みな同じ握りで投げるから癖というものがないんです。でもそれを打ち負かさなきゃ南海の四番としてのメンツがたちません」（日本放送出版協会『知るを楽しむ』〇八年二月・三月）

何としても癖をみつけようと野村は友人に頼んで稲尾の投球を16ミリで撮影してもらい、それを擦り切れるほど眺めた。その結果、「球種はわからないまでもインコースに投げるときの癖だけはわかった。それでやっと稲尾攻略のメドがたった」という。

ところが、稲尾にはその全盛期の八年間、野村に打たれた記憶はほとんどないという。記録をひも解いても1割9分台だから、いってみればカモだった。野村はインコースを極端に嫌った。内角攻めされると腰を引くタイプだった。

稲尾はその弱点を衝いた。外角を見せ球にして勝負球をインコースに投げると、野村のバットはピクリと動くか、空を切るかだった。

(中) 倉田
(遊) 西
(三) 下
(右) 口
(左) 野
(一) 木
(二) 田
(捕) 尾
(投) 稲

「稲尾の球を確か昭和三十二年のオールスターで受けた。球の切れといい、コントロールといいパーフェクト。『俺が打てんのは当たり前だな』と言ったら、稲尾は『ノムさん、おだてて僕の球をいろいろ分析するんでしょう。その手には乗りませんよ』と笑っていた。心の内を見透かされてギョッとしたなあ」

しかし、稲尾は稲尾で野村の鋭い洞察力に舌を巻いた。宝刀といわれたスライダーは、実は見せ球で、内角をえぐるシュートが本当の勝負球であることを野村に看破されたのだ。

稲尾の代名詞は「光って消えるスライダー」だった。「実は俺はシュート投手だったんだ」と稲尾が告白したのは後年、評論家になってからのことである。

「だってみんな俺のスライダーを意識していた。それがよかったんだ。シュートは打者の頭にないからな。俺の得意球はシュートだ、なんて企業秘密をバラすバカはいないさ。生活がかかっているんだぜ」

この言葉を信じるなら、記者も打者も長い間、稲尾にだまされていたことになる。ただ野村のコンピューターだけが機能していたことになる。

広角打法の奇人・榎本

稲尾の前に仁王立ちしたのは野村だけではなかった。

当時は西鉄、南海、大毎が覇を競いあい、パ・リーグはまさに「三国志」の時代。ライバルチームの強打者たちは打倒・稲尾に必死だった。

「南海は足を絡ませた機動力野球、大毎は山内さん、葛城さん、榎本さんのミサイル打線のクリーンアップが強烈だった。この打線をどう抑えるか、頭を悩ましたよ」

シュート打ち名人の山内一弘、元祖・安打製造機の榎本喜八、長打力が売り物の葛城隆、ちょっと隙を見せると一気呵成にたたみかけてくる破壊力は西鉄打線に遜色なかった。

中でも稲尾を「終生のライバル」と定め、稲尾攻略に全精力を注ぎ込んだのが榎本喜八だった。榎本は早稲田実業出身、王監督の高校の先輩で稲尾より一年上。王とともに、これまた高校の先輩、荒川博（大毎、巨人コーチ）の薫陶を受けた。荒川は榎本に広角打法、王に一本足打法を伝授した。

榎本は昭和三十年、大毎に入団すると、いきなり打率2割9分8厘、十六本塁打で新人王を獲得して世に出た。その後も3割台六回、首位打者二回を記録している。

左打者の榎本は外角は左へ、真ん中はセンターへ、内角は右へと、コースに逆らわずに打つ。まさにフィールドいっぱいを利用した広角打法で、今ならさしずめイチローだ。さすがの稲尾も手を焼いた。

「どんな強打者にも弱点はある。しかし榎本さんには一点のスキもない。目もいいし高めのボールで誘ってみても手を出してくれない。投げる球がなくて困り果てた」

榎本は稲尾攻略の極意を同僚たちに聞かれると「来た球を打つだけです」と答えた。「来た球が打てないから聞いているんだ」とチームメートは苛立ったが、新境地を切り開いた達人の答に他意はなかった。

しかし、達人が陥りやすいストイックな完璧主義に榎本は足をとられる。ベンチ中央にデンと座り、一時間近く座禅を組んだり、「神からのお告げ」と意味不明な言葉を発するなど奇行が目立つようになり、みんな気味悪がって榎本に近づかなくなった。

昭和四十六年、西鉄の監督二年目の稲尾はそんな風聞を耳にしながら周囲の反対を押し切って榎本を獲得する。峠を超えた奇行の多い選手をなぜ、という声に稲尾はこう答えている。

「いろいろ言われているが、栄光ある選手なんだ。みんな温かく見守って欲しい」

しかし、稲尾の願いは空しかった。かつて稲尾の前にたち塞がった榎本は精神的な病からくる奇行がおさまらず、西鉄生活一年でユニフォームを脱いだ。

榎本は引退後、東京に戻り、駐車場とマンション管理を仕事にしながらも、ランニングだけは欠かさなかった。引退七年後、自宅周辺を走る姿が新聞に掲載された。榎本は答えている。

「もう一度、稲尾の球を打ちたい。だから走っている」

叶わぬ夢。しかし、その榎本をドンキホーテと笑うものはいなかった。

新たなライバルたち

稲尾のプロ三年目となる昭和三十三年、球界にも新しい風が吹いてきた。

六大学のスターたちが次々とプロの門を叩いたのである。彼らは球界に華やかなムードとスマートさを持ち込んできた。やや泥臭いセピア色の球界が一気にカラー化された瞬間でもあった。

その象徴とも言える存在が立教大の長嶋茂雄と杉浦忠である。稲尾の新たなライバルの登場である。長嶋とは日本シリーズで名勝負を演じ、杉浦とは「宿命のライバル」として競い合うことになる。

球界ではよく知られていることだが、長嶋は大学時代から南海の援助を受け、「入団するときは杉浦も連れて行く」という約束を南海と交わしていた。しかし、長嶋は豹変して巨人に走った。杉浦は「男の約束」を守って鶴岡一人・南海監督や立教の先輩で南海の現役だった大沢啓二（後日本ハム監督）らを感激させた。

晩年、ユニフォームを脱いだ後、杉浦は女房役だった野村を批判しても、長嶋批判は絶対に口にしなかった。

「結果的には長嶋は巨人に入団してよかった。彼が南海に入団していたらいまほどプロ野球が盛り上がっただろうか。球界全体のことを思えば長嶋の選択は正しかった」と。

学生時代に培われた友情の絆は強くて太い。杉浦は長嶋の心変わりを終生友情のオブラートにくるんでかばった。

しかし、杉浦は後年、長島の一本の電話に強いショックを受けた。

昭和六十一年、杉浦が南海の監督に就任したときのことだ。ドラフトの最大の目玉は長嶋ジュニア、立教大の一茂だった。杉浦が「一茂を一位指名する」と公表すると、翌日、長嶋から電話が入った。

「スギ、一茂を指名せんでくれんか。南海は長嶋の家風に合わないんだ」

杉浦にすれば昔、迷惑をかけた南海への借りを返せ、という思いもあっての「一茂指名」だったらしいが——。

「家風と言われてもなあ。学生時代、佐倉（千葉県）の長嶋の実家にもよく行ったけどねえ。あいつ大名かなんかの子孫かなあ」

杉浦の愛知の実家は地元では名門。父親はゴルフ場経営をはじめ、手広く事業展開する実業家。杉浦は銀のスプーンをくわえて育ったいわゆる〝良いとこ〟の育ちである。野球入学ではなく正規の試験を受けて合格した優等生。杉浦にしてみれば、長嶋家の「家風」とはいささか片腹痛かったろうが、これまた友情で怒りの虫を退治したようだ。

サブマリン杉浦

杉浦の登場は稲尾にとっては、ちょっとしたカルチャーショックだった。六大学時代、通算十四完封という輝かしい球歴もさることながら、華麗な下手投げから地を這うように繰り出されるボールは、稲尾の常識を超えるものだった。

「下手投げなのに右手首はオーバーハンドの投手と同じように立っているんだ。右手はオーバーハンド、下半身は下手投げ、誰も真似出来ない芸当だよ」

稲尾以上にショックを受けたのは打者たちだった。「先発投手、杉浦」の場内アナウンスを聞いただけでトイレに駆け込む選手もいたほどの伝説的なアンダースローの登場だった。

西鉄の強力打線もさすがに杉浦には手を焼き、苦しめられた。

「オレの背中めがけて球がくるんだ。あわててボックスを外すとボールは大きく曲がって野村のミットにストン、ストライクだもんな。あんなカーブを見たのは杉浦が最初で最後だった」

中西が脱帽するほどだった。

和田博美などは杉浦と聞くと、上半身を重ねた新聞紙で覆い、その上からユニフォームを着たという。打てないなら新聞紙をクッションにしてデッドボールで出塁しようという魂胆である。「何としても塁に出たい」和田一流の意地とチーム愛だった。

サブマリン杉浦のフォーム

下手投げ投手の常識を覆した大きなカーブ。立てた右手首がその秘密だが、晩年、杉浦自身が語った種明かしは意外に単純だった。

「実は大学二年までは上手投げだった。しかし上からだとどうにもコントロールがつかない。ずっとそれで悩んでいたある日の練習で、手はオーバーハンドのまま上半身を右にグッと傾けて投げてみた。ほんの遊びのつもりだったが、やってみるとこれまで味わったことがないほどいい感触なんだ。で、よしこれでやろう、ということになったんだ」

種明かしは簡単でもサブマリン投法完成までには血のにじむような苦労があったに違いない。杉浦の投球フォームはケタはずれの足腰の強さに加え、よほどの柔軟性がないと出来ないからだ。

天才といわれた選手たちにはいくつかの共通点がある。努力だけでは到達できないセンスと身体能力、さらに優れた洞察力と創造性である。稲尾も杉浦もそれを持ち合わせていた。二人とも悩みのアリ地獄から、才能と感性と勇気で抜け出してきた。

稲尾はつま先投法、杉浦はサブマリン投法、いまだにこの二人のフォームを継承したものはいない。

稲尾と杉浦は真のライバルとはどんなものかを教えてくれる。その一例がふたりの間で交わされた〝暗黙の了解〟だった。

当時はまだDH制度はなく、投手もバッターとして打席に立った。稲尾は杉浦が打席に立つと決して変化球を投げなかった。杉浦またしかりで直球一本で勝負した。

「打者でない投手に変化球は失礼」——ふたりはどんなに苦しい局面に立たされても最後までこの〝暗黙の了解〟を守り通した。ライバル同士は時にいがみ合い、ときとして相手を蹴落とそうとすることすらままある。しかし相手を認め、敬うこのふたりは「人間としての品格」をも兼ね備えた大投手だった。

「品格」と言えば、杉浦は「稲尾に敵わなかったことがひとつだけある」と前置きして語ったことがある。

「稲尾はねえ、チェンジになると荒れたマウンドをきれいに足で直してベンチに戻るんだ。相手投手へのマナーだ。オレは打たれると頭に血がのぼって直すのを忘れたりしたが、稲尾はどんなに打たれてもこのマナーを絶対に忘れなかった。あれには頭が下がったなあ」

ふたりの生涯の対戦成績は二十四勝二十四敗三分。完全に五分の星を残している。秘術を尽くしたふたりのピッチングには「名人は名人を知る」人間臭いドラマも秘められていた。

「一本だけ打たせて下さい」

「あいつだけには参ったなあ。しかしどこか憎めないんだ」

稲尾のいう「あいつ」とは張本勲（元東映、巨人、ロッテ）のことである。

張本は稲尾の三歳年下で王監督と同期生。稲尾にかかると、さすがの東映の「四番打者」もヘビににらまれたカエルだった。

しかし、若い投手は張本の長打力とそのひとにらみに萎縮してしまい、安全なコースへと気持ちが逃げて痛い目にあう。稲尾は若い投手を集めて張本対策を懇々と説いていた。

「いいか、バッターは自分の好きなコースにこそ弱点があるんだ。張本の好きなコースはインサイドのひざ元だ。そこからボール一個分上を攻めてみろ。そこが張本の唯一、弱いとこなんだ」

言われた通り若手が張本の内角を突く。しかし打球は勢いよく左翼スタンドに弾んでいく。

稲尾がインサイドに投げる。「しめた」と張本は思いっきりバットを振るが、むなしく空を切るばかりだ。ボールは正確にひざ元より一個か二個分高めにコントロールされていた。

張本への勝負球は「四球目の内角高め」と決めると、その勝負球を生かすための演出球、つまり釣りで言えばまきえをばらまくわけだ。

0からのスタートでなくゴールからの出発。この逆算の発想が稲尾の配球術だった。しかしこの「逆算ピッチング」は絶対のコントロールという裏づけがないと出来ない。それが大投手と並みの投手の技術の差、力の差である。

張本も稲尾攻略に目の色を変えていたが、思い余って時に〝請願戦術〟に出たことがあった。

「先発・稲尾」が場内アナウンスされると、張本はあわてて西鉄ベンチの稲尾に駆け寄ってくる。

「稲尾さん、三割がかかってます。お願いです。一本だけ、一本だけ打たせてください」

「バカ、そんなこと出来るわけないじゃないか」

「そこを何とか、これやりますから、これ」

張本はドラックバントのジェスチャーを繰り返しながら何度も稲尾に頭を下げる。

厚かましいというか大胆不敵というべきか、カエルの張本には情に訴えるしか攻略の道がなかったのだろう。

張本は情に弱い稲尾の心の動揺を誘おうとしたが、稲尾は感情のコントロールは抜群だった。結末は張本の4打数無安打、打率を下げた張本は脱帽するしかなかった。

「打てるものなら打ってみろ、とばかり打者の好きなコースをズバッと突いてくる。決して逃げたり、汚い球を投げなかったのが稲尾さんなんだ。球威、コントロール、マウンドさばきと、すべてにお手本になるピッチャーだった。稲尾さんみたいな投手はもう出てこないかもしれないな」

しかし、稲尾にも似たような話がある。生前の杉浦が明かした秘話である。

「大事な試合で稲尾が先発した。珍しく調子が悪く初回からポンポン打ち込まれ、ウチ（南海）が5点取った。なお二死満塁で打順が自分に回ってきた。打席に向かうとき、ホームにベースカバーにきた稲尾とすれ違った。そのとき『スギさん、頼むわ』と稲尾が実に情けない声でささやくんだ。よし、と思って思いっきり空振りしてやった。オレの野球人生の中で後にも先にもわざとやった初めての三振だった」

杉浦らしいひそかな好敵手への思いやり、武士の情だったのだろう。

奇跡の幕が開いた

昭和三十三年、杉浦は南海ナインの打倒・西鉄の悲願をバックに、オールスター前にすでに二十勝三敗という鮮烈デビューを果たしていた。同時期の稲尾は十六勝九敗と大きく水をあけられている。

チームも同様で、オールスター後の両チームのゲーム差は何と14・5、ぶっちぎりで南海が独走態勢に入っていた。新人杉浦の大車輪の活躍、四番に定着した野村の攻守にわたる活躍がチームを引っ張っていた。

ところが夏場から後半戦にかけて西鉄は中西、豊田に引っ張られた打線が俄然奮起し、ハイペースで南海を追いかけた。稲尾も後半に入ると十七勝一敗と驚異的な勝ち星を重ねる。ノンストップで連勝街道を驀進する西鉄は何と南海との直接対決も制し、十三連勝で奇跡的な逆転優勝を果たす。

稲尾も後半になると波に乗り、通算三十三勝十敗五分で二年連続して最高殊勲選手、前年に続き最多勝投手（防御率1・42、奪三振334）に輝いた。

終わってみれば稲尾は投手部門のタイトルを独占、一方の杉浦は二十七勝十二敗で新人王のタイトルを獲得した。

この奇跡の第二章が後に世紀のドラマといわれた、この年の巨人との日本シリーズである。

第四章　奇跡の大逆転

超人？　長嶋茂雄の登場

この年の日本シリーズは球史に残る名勝負としていまなお人々の心に深く刻み込まれ、語り継がれている。起承転結ならぬ起承転々とした勝負の世界のアヤと、グラウンドに織りなす人間ドラマがこれほど見事に重なりあったシリーズはない。

三年続けて西鉄―巨人の顔合わせとなったこのシリーズで、稲尾に新たなライバルが登場する。長嶋茂雄である。六大学のスターは巨人入団即四番に座って活躍を始める。一年目にして本塁打二十九本、打点九十二、打率第二位の二冠王で新人王を獲得、ただものじゃない。すでに巨人の顔であり、スターだった。

三連敗後の四連勝、奇跡といわれた西鉄の逆転優勝はよく知られているが、敗れた巨人サイドの裏面はあまり語られていない。強い巨人はなぜ三年続けて西鉄に負けたのか。

西武の監督を退いて数年後、広岡達朗が「いまでもあの時の悔しさは忘れられない。当時のメンバーの共通した屈辱だ」と前置きして、語ってくれた。

「また西鉄に負けたら切腹だ、と水原さん（水原茂監督）は本気で考えていた。勝つには稲尾攻略だと寝言のように言っていた。我々も水原さんの悲壮な決意を知っているので、とにかく勝つんだ、稲尾を打ち込むんだと呪文のように唱えていた。しかしこの過剰な緊張感が裏目に出てしまった」

稲尾コンプレックスからくる過剰反応。しかし「ひとりだけ例外がいた」と広岡が言うのが長嶋だった。それもそのはず、長嶋はこの年、巨人に入団したばかりのルーキー、過去二年、稲尾にやられた経験などない。白紙で臨めた。長嶋には先輩たちのように妙な先入観もコンプレックスもない。加えて天性のあの天衣無縫の長嶋流発想の人である。

長嶋の天衣無縫ぶりを示す好例を広岡が語ってくれた。しかし、それは広岡にとっては苦い思い出である。

あるゲーム、1点ビハインドの九回裏2死、長嶋が三塁走者、打者は広岡だった。

「よし、ここは長打はいらない。まず同点打だ。狙い球がくるまでじっくり待ってセンター返しだ」

しかし、そんな広岡の思惑などどこ吹く風、長嶋は意表をついて敢然とホームスチールを企てて憤死、試合終了。二度目はやはり同点で迎えた九回裏2死三塁、サヨナラのチャンス。またしても三塁走者は長嶋で打者は広岡。ここでも前回と同じ光景が展開された。さすがに広岡も怒った。バットを投げ捨てると首脳陣に「ベンチのサインか、それとも長嶋の単独スチールか！」と問い糾した。答は「単独スチール」だった。

打者としてこれほどの屈辱はない。せっかくのチャンスに「お前は頼りにならない」と後輩に言われたも同然である。プライドの高い広岡はバットをへし折って抗議した。

「長嶋は何を考えてるのか、オレの常識じゃ分からない男だった」

しかし、これが長嶋の長嶋たるゆえんでもある。この常識を超えたプレーがファンにはたまらない魅力だったかもしれない。

広岡に限らず、対戦した稲尾も、豊田も長嶋には「?」「?」の連続だった。

長嶋、杉浦らを育てた立教大学野球部の砂押邦信監督は水戸商出身。砂押は水戸商の後輩、豊田に早くから目をつけ、豊田もその意を汲んで立教進学を決めていたが、父の急死で西鉄入りした経緯がある。そんな関係から豊田はよく長嶋の面倒をみていた。

オープン戦で博多にやってきた時など、豊田はフグをご馳走したり、時には花街を紹介することもあった。

恒例、西鉄—巨人のオープン戦で長嶋が博多にやってきた。珍しく事前に豊田に連絡がなかった。

「奴も今夜はお休みか」と思っていると、長嶋は最後の打席で出塁すると果敢に二塁へスチールしてきた。巻きあがる砂煙の中から長嶋は「トヨさん、今夜、お願いします」と言う。

「何だ、飯か」と聞くと右手の小指を立てる長嶋だった。

「オレに（夜の手配を）頼みたい一心でヒットを打ち、ショートのオレのところまで強引に盗塁してくるんだもんなあ、参ったよ、長嶋には」

杉浦は大学時代から長嶋の天衣無縫ぶりに仰天すること再々だったという。杉浦が明かした大学時代の超人・長嶋らしいエピソード。

「長嶋は京都の女性と文通していた。彼女が修学旅行で上京してくるので、東京駅まで迎えに行きたいと言う。ところが着くのは午後九時、我々の門限も九時だ。野球部の寮ではひとりでも門限破りが出ると連帯責任で先輩たちの厳しい鉄拳制裁が待っていた。みんな制裁覚悟で長嶋を送り出した。翌日、下級生全員、顔が腫れ上がるほど殴られた。長嶋のためにみんなが犠牲になった。普通ならすまなかったぐらい言うもんだが、長嶋はケロっとしてる、さすがにみんな呆れてたなあ」

病みあがりで先発

さて日本シリーズに戻ろう。シリーズ直前、稲尾は高熱にうなされ、病院に隔離されていた。巨人にはもちろん、西鉄ナインにも極秘にされていた。

稲尾は首位南海を追い上げた後半の十四試合中十二試合に登板、この連投につぐ連投の疲れがどっと出たのである。一週間後に巨人とのシリーズを控え、三十八度近い熱を出してダウンした。

藤本哲男マネージャーからの連絡で三原監督は「隠密作戦」で稲尾を福岡市内の旅館に隔離した。知っているのは三原と藤本、投手コーチの川崎の三人だけ。つきっきりだった藤本は稲尾を隠すのに必死だった。

「とにかく巨人に、いや西鉄ナインにも極秘ということで気を使った。マスコミ対策が大変だった。

シリーズに向けた練習が始まっているのに稲尾はウンウンうなっている。稲尾はどうした、と記者たちに追求されて、『シリーズ前だ。練習は早めに切り上げさせて休養をとらせている』と何とかごまかした」

しかし、そんなごまかしがいつまでも続くはずがない。連日、同じ答が続けば記者たちも異変に気がつく。弱り果てた藤本を見て、稲尾は大芝居を打つ。

「少し熱が引いたが、まだフラフラだった。ユニフォームに着替えて何くわぬ顔でブルペンに行った。記者から『今日の練習は?』と聞かれて、西公園周辺でランニングだ、と適当に答えてごまかしたよ。しかし、ナインから『サイはどうした。練習はサボりか』と大声でからかわれて困った。三原さんも川崎さんも慌てふためいていたなあ」

稲尾がこの秘話を明かしたのは、ユニフォームを脱いでから。

「へえーッ、そうだったのか」中西も豊田も後年、この事実を知らされて驚いていた。

シリーズの短期決戦で三原は偶数番の試合を重視した。昭和三十一年、巨人との初めての日本シリーズ初戦に「今日は負けてもいい」と言って、いきりたつナインを驚かせている。

選手たちの肩に入り過ぎた力みを抜くためか、あるいは過度の緊張感を和らげるためか。三原は自在な選手起用や計算しつくされた意外な采配で、魔術師とも知将とも呼ばれた。

それにしても「第一戦は負けてもいい」とは思いきった指揮ぶりである。ひとつ間違えば選手の闘争心や意欲をそいでしまうことにもなりかねない。三原のこうした偶数重視主義が三原独特の宿命論から来るのか、あるいはデータに基づいた根拠があるものか定かではない。

このシリーズでも三原は意外な采配をみせる。「巨人系マスコミが君の周辺をかぎまわっている。だから『稲尾は健在』をあえてアピールしたい」と、三原は第一戦にあえて病みあがりの稲尾を先発させたのである。

平和台球場の稲尾と長嶋

長嶋対策は「ノーサイン」

「外角に的を絞って少しベース寄りに立つことにしている」

シリーズ前、長嶋は記者団に稲尾対策を聞かれ、こう答えている。稲尾は考え込んでしまった。

「これっていわば企業機密だろ。それをしゃあしゃあとバラす。どういうことなのか、オレに対する牽制か、それとも故意に流すガセ情報か。長嶋の狙いが分からん」

巨人ナインが稲尾コンプレックスから過剰反応する一方で、稲尾は長嶋への対応に苦慮していた。

その第一戦、予想通り稲尾は打たれた。初回、1死一塁のピンチで長嶋と初顔合わせした。打席の長嶋は両足をベース寄りに近づけ、外角に的を絞っている。戦前公言した稲尾対策そのままである。

「どういうことか。オレを欺くための構えなのか、外を狙っているなら、一球目はインコースで様子を見るか、それとも長嶋の誘い通りに外角で勝負か」

稲尾が下した結論は後者だった。待ってました、と長嶋は右翼線へ先制三塁打した。

稲尾は四回を投げ、被安打7の3失点、三原は早々と稲尾を引っ込めた。

試合後、報道陣に囲まれた稲尾は、長嶋に痛打されたのは「シュート」だと言ったが、報道陣に「はっきり分かる外のスライダー」と指摘され、「そうかなあ、シュートとスライダーの掛け損ないだな」と苦しい答弁を繰り返した。

「実際、対戦してみると何を考え、何を狙っているのか分からない。普通、バッターは外か内か、ストレートか変化球か、狙い球を持って投手のボールを待っているもんなんだ。ところが長嶋は打席の中でボーッと立っているんだ。言ってみればスキだらけの構え、オレの常識にはないバッターで、これにはどうしたものか、と考え込んでしまったよ」

長嶋は「来た球を本能で打つ」と稲尾は見た。つまり瞬時のひらめきやカンが鋭い打者だと判断した。しかし、ひらめきやカンだけで打てるものではなかろう。長嶋は誰にも悟られず、ひそかに創意工夫を積み重ね、彼流の努力を重ねていたはずだ。

打たれはしたが、稲尾にとってこの登板は意味のあるものだった。稲尾もまたこの経験から鋭いカンで長島対策を編み出していく。

「よし、長嶋が自然体なら、自分も流れに任せよう。長嶋にはノーサイン投球だ」

川の流れに逆らわず流れていく。これが稲尾の長嶋対策だった。

後に長嶋は大洋の平松政次投手の「かみそりシュート」に手こずる。平松をどう打つか、長嶋はバットをやや長めに握ってシュートを誘うと、打つ瞬間、すっと二〇センチほど短めに握りなおして苦手を攻略している。

さて後楽園の第一戦は巨人打線が西鉄の繰り出す五投手に16安打を浴びせ、9−2と大勝した。続く第二戦は巨人打線が初回打者一巡の猛攻で7点をあげ押し切った。

第三戦から舞台は平和台、中一日おいて三原は再び稲尾を先発させた。藤田元司との投げ合いで息詰まる投手戦となった。病み上がりの稲尾の身体はかなり回復、被安打3と好投したが、1−0と惜敗、これで西鉄は三連敗、後がなくなった。

長嶋だけにはノーサインで投げた。早いテンポで追い込み、長嶋のリズムを狂わせて3打数無安打と抑え込んだ。

連投、連投の稲尾

長嶋にとっても稲尾との勝負は生涯忘れられないほどの鮮烈な印象を残した。

「来る日も来る日もサイちゃんは投げるんだ。そのタフネスぶりにもびっくりしたが、コントロールの良さには舌を巻いた。ボール一個分の出し入れで勝負してくるんだ。もう二度と出てこないな、サイちゃんみたいな投手は。いまでも稲尾と対戦したことをバットマンとして誇りにしているよ」

巨人は天敵稲尾から二勝を挙げた。しかし、そこに落とし穴があった。広岡が述懐している。

「私自身、稲尾は苦手なピッチャーじゃなかった。コントロールがいいから的を絞りやすかった。シュートを待ってシャープに短打狙いに徹した。しかし私のことはともかく、稲尾を打って三勝したときは、これでいただきというムードがチーム内に充満した。水原さんは必死で油断大敵を説いたが、チームの楽勝ムードに歯止めがかからなかった。勝負は何が起こるかわからない」

明暗分けた雨の水入り

西鉄にとっての「運」は天から降ってきた。第四戦を迎えるはずの福岡は朝から雨、西鉄は午前九時過ぎに早々と「雨天中止」を決めた。しかし雨はすぐに止み、試合予定時刻の午後一時にはすっかり晴れ上がった。

「中止」の報に水原が頭から湯気を出さんばかりに怒った。朝方の雨はすっかりやんで太陽がさんさんとグラウンドに降り注いでいる。

「何で中止なんだ。できるじゃないか」と主張する水原に三原は反論した。

「決定は連盟が決めたこと。連盟の決定に従うしかない」

稲尾によれば、当時、平和台の西鉄の試合には鹿児島、宮崎などの遠隔地から来るファンも多かった。「そのファンに迷惑をかけないためにも、午前十時までに開催か中止かを決定せんとならん。西鉄の苦しいお家の事情があったんだ」ということになる。

「あれは完全に西鉄の計略だ」と広岡はいまでも西鉄謀略説を信じて疑わない。巨人サイドからみれば「稲尾を休養させるための陰謀」と映ったのである。

しかし、稲尾は「雨でたった一日休んだくらいで疲れが取れるもんじゃないよ。勝負を一気に決めたい巨人のご都合主義じゃなかったのか」と反論している。

この雨を巡っては両チームともエキサイトしたが、結局、コミッショナーの裁定で中止と決まった。いずれにしても後味の悪い結末だったが、両チームの思惑やエキサイトぶりもまたシリーズを盛り上げる伏線になった。

「稲尾で負ければ仕方ない」

雨で流れた翌日の第四戦、平和台球場のウグイス嬢、今泉京子の「九番、ピッチャー稲尾」の場内放送に球場は沸いた。三連敗でもう後がない西鉄の最後の砦はやはり稲尾だった。

しかし、実は稲尾先発がすんなりと決まったわけではない。三原監督は慎重だった。稲尾を先発させれば「やはり稲尾休養のための陰謀だったんだ」と水原の抗議を裏付けることになる。世論への配慮も三原を躊躇させた。

後年、病床の三原を見舞った稲尾に、三原は当時の内情を明かして頭を下げたという。

「実は君の登板は考えてなかった。しかし当時の平和台のファン気質を考えた上での結論だったのだろう。西さん（球団社長）から『稲尾を先発させてくれ。稲尾でこのシリーズを落としてもファンは納得してくれる』と何度も頭を下げられた。君が疲れ果てていたことは分かっていたが、あの時はそうするしかなかったんだ」

負けると荒れ狂う当時の西鉄ファン。そんなファンをなだめる殺し文句はたったひとつ、「稲尾で負けたら仕方ない」だった。

この試合、稲尾は完投はしたものの、10安打を浴びて4点を失った。しかし、打線の爆発で6－4となんとか踏みとどまった。長嶋はふたたび3打数無安打に封じこまれた。

この試合でヒーローになったのは豊田である。シリーズ3号、4号を連発し、稲尾の背中を押した。

「四連敗、それも地元で終わりじゃ情けないしファンも怖い。どうせ負けるなら東京で、というのがみんなの気持ちだった。幸い稲尾が踏ん張って何とか一勝したが、この後はまさに奇跡、誰も逆転できるなんて思っていなかった。当時は大下さん、関口さんも下り坂。ピッチャーも頼れるのは稲尾ひとりだった。西鉄の力は巨人に二度勝った昭和三十一、二年がピーク。三十三年はフロックだったと言っていい」

豊田の辛口の回想である。

「悔しくないのか！」と関口が檄

平和台の第五戦は延長戦にもつれ込んだ。

初回に3ランを浴びて0－3と劣勢を強いられ、稲尾は四回からマウンドに上った。あえて連投の稲尾をマウンドに送った三原の意図は明らかだった。「これ以上、点はやれない」と「稲尾と心中」だった。

稲尾も悲壮な覚悟を固めていた。

「前日完投したばかりで肩はパンパンに張っていた。しかし、ひょっとしたらという気持ちもあった。だから『稲尾、行ってくれるか』という三原さんの言葉にためらいはなかった。よし絶対、点はやらないぞ。オレが踏ん張れば、頑張れば何とかなると思った」

稲尾の力投に加え、ベンチに響いた関口の怒声が反撃の口火となった。

「六回を終わって0－3、ロッカー通路で巨人関係者が表彰式の準備を始めていたんだ。それを見てカーッとなった関口さんがベンチに戻って怒鳴ったんだ。『お前ら、悔しくないのか。巨人はもう表彰式の準備を始めているぞッ！』てね」

関口の檄に応えるように七回、中西が右翼席へ2点ホームランで1点差。そして九回裏、ドラマは逆転サヨナラのクライマックスを迎える。

それは小淵泰輔の三塁線を破る二塁打から始まった。「ファウルだ」と長嶋は執拗に食い下がったが認められない。豊田が送って1死三塁、期待の中西が内野フライに倒れた瞬間、豊田は大下や関口から「なんで打たなかったんだ。バントなんかしやがって」と思いっきり尻を蹴飛ばされた。

2死三塁で西鉄の代打は、ナインに檄を飛ばした当の関口、巨人はエース藤田をリリーフに送ってきた。両チーム、必死の攻防である。

しかし「代打・関口」とアナウンスされると西鉄ベンチから絶望的な溜息がもれた。このシリーズの関口は絶不調で打率は1割台（15打数2安打）だった。関口は打席に向かう途中、味方ベンチから起こる激しいヤジを聞いて愕然とする。

「打てないなら当たれ、当たれ、だもんな。デッドボールでチャンスをつなげ、というわけだ。大先輩のオレに向かってあいつらはそうヤジるんだから。西鉄というチームは失敗を許さない怖いチームだった」

しかし打席の関口は冷静だった。カウント1－3からのシュートをとらえると打球は中前に転がる同点タイムリー。不調に悩み、味方のヤジに耐えた関口、起死回生の一打だった。

打たれた藤田は、打った関口あてのメッセージを花井悠に託したという。藤田と花井は慶応、社会人野球で同期の盟友であった。

「この悔しさは生涯忘れない。西鉄と関口の名前は墓場まで持っていく、と伝えてくれ」

長嶋は今でも「あの二塁打は絶対ファウルだった」と信じて疑わない。

もし関口が凡打していたら、三原は批判の嵐にさらされたことだろう。西鉄ベンチからも溜息がもれたほどの代打・関口だった。しかしこの起用はいかにも三原らしい采配だ。過去の成績やデータに頼ることとなく、自らの感性で物事をとらえ、采配にいかす。

「確かに関口の起用は冒険だった。しかし彼はベンチでみんなを叱りとばした。あきらめてはいけない、という彼の気迫と闘争心が伝わってきた。それまで好調か不調かは関係ない。私は関口から発散される気に賭けたんだ」と三原は言う。

関口はこの一打で至福のオフを迎える。

「セキさん、ボーナスを出す。望みは？」とフロントから聞かれ、「土地付きの家」と答えた。どこまで本気だったのか。ところが、球団が用意したのは福岡市城南区の二百坪の土地と新築の家だった。ヒット一本が生んだ豪華な特別ボーナスだった。

藤田の後を追うように関口も平成十九年、八十歳の人生に幕を閉じた。ふたりは天国であの対決を語り合っているだろうか。

「神様、仏様、稲尾様」

関口の同点打が出たあと、救援に登板した稲尾もヒット一本に抑える好投で巨人打線につけ入るスキを与えない。試合は延長戦にもつれこんだ。延長十回裏、稲尾のバットが奇跡の扉を開いた。一死後の1―3から大友工投手の五球目を叩くと打球は左翼スタンドへ消えていった。球史に残る奇跡のサヨナラホームランである。

「西日で打球の行方は分からなかった。ただ審判が手を大きくグルグル回していたのが見えた。それでホームランとわかった。後は大歓声の中をまるで雲の上を走っている感じだったなあ。ホームに向かうと、三原さんが両手を大きく広げて『稲尾、ベースを踏むんだ！　ベース！』と叫んでいたことを覚えている」

この局面、投手に代打はセオリーである。しかし三原はあえて稲尾を打席に送った。三原と稲尾の信頼の絆が、「奇跡」を起こした。

山あり谷あり、この第五戦はまさに人生の縮図を見るようなゲームだった。西鉄と巨人の明暗がくっきり浮き彫りにされ、それは両チームの選手たちの以後の人生にも多大の影響を与えたようだ。

稲尾のサヨナラホームラン、興奮したファンまで三塁にお出迎え

「水原さんが一番、恐れていたことが起こった。それは稲尾を調子づかせたことだ。『いかん、いかん』と呪文のように唱えていた。我々も同じ気持ちだった」

広岡の後日談である。シリーズの舞台は第六戦から後楽園に移る。

この第五戦、稲尾は七回を投げて1点も与えず、シリーズ二勝目。投げてよし、打ってサヨナラホームラン。

この後、誰が言い出したか、ファンの間から「神様、仏様、稲尾様」というフレーズが誕生、以後そう呼ばれるようになった。当の稲尾は随分面映い思いをしたようだが。

「シリーズ後、街を歩いているとファンから手を合わされ『神様、仏様』と言われるんだ。こちらは『神、仏じゃなく稲尾です』と答えるしかない。あれには参ったよ」

駅のホームでうどんをすすっていると「アレ、

神様がこんなところでうどん食べてる」と言われ、気晴らしにピンク映画を見ていると「アレ、神様は意外とスケベなんだ」とからかわれもした。

「三球目、シュートで勝負」

稲尾は第六戦にも先発した。移動日を含め中二日の休養があったとはいえ、これで四試合連続登板である。

「あのシリーズ、第五戦がポイントだったという人は多い。しかし自分にとってはむしろ第六戦の方が印象に残っている。第六戦がシリーズの分岐点だったと思っている」

稲尾が第六戦にこだわるのは、この試合でひと皮むけた自分を発見したからである。

この試合、藤田、稲尾の両エースの投げ合いで緊迫した展開となった。西鉄は初回、中西の2ランで先制したが、その後は藤田に抑え込まれていた。一方の稲尾も七回まで1安打ピッチング、八回に連打を許したが後続を絶ち、巨人打線をほぼ完璧に抑え込んでいた。

ところが九回裏に二つの失策が続き、2死一、三塁となり、打席に四番長嶋を迎えた。

「完封勝利まであと一人というところでたて続けにエラーが出た。で、長嶋を迎えた。一発打たれれば逆転サヨナラ負けでシリーズの決着がつく。長打されると同点のピンチだ。さてどう長嶋を攻めるかと考えていたら、三原さんがマウンドにやってきた」

三原を囲み中西、豊田、仰木らの野手も加わり、マウンド上で緊急ミーティングが始まった。

稲尾はこのシリーズ、長嶋をほぼ完全に押さえ込んできた。病み上がりで先発した初戦こそスライダーを先制三塁打されるなど2安打3打点と打ち込まれたが、以後、登板した三、四、五戦では10打数2安打である。稲尾が編み出した長嶋対策の「ノーサイン投球」の効果だった。

この試合も3打数無安打と抑えてきた。しかし、三原は何か不吉な予感がしたのだろう、マウンドに来るなり稲尾にささやいた。

「長嶋もそろそろ一本出るころだ。打たれれば2死一、三塁も満塁も同じだ。ここは歩かせよう」

しかし、稲尾は珍しく首を縦に振らなかった。

「一度はあきらめたシリーズじゃないですか。勝負させてください」

「三原さんには逆らったことのないあのおとなしい稲尾が血相変えていたな。ヘェー、稲尾も怒ることがあるんだ、と思ったよ。しかも『三球目、シュートで勝負する』と明言したんだ。三原さんは一瞬、困ったような顔をしたが『そうか』とうなずいてベンチに帰った。勝負はシュートだな、と稲尾に確認して私は少しセカンド寄りに、中西さん、豊田さんの三遊間コンビも打球に備えたシフトをしたよ」

仰木の証言である。

長嶋は内角球に対しては打率こそ低いが一発が多い。逆に外角は打率は高いが、ホームランは少ない。五戦までの稲尾は、長嶋にはインコースをボール球にして外角で勝負してきた。それを全く逆の投球パターンに変えようというわけである。それはリスクの大きな思いきった選択でもあった。

初球は外のスライダー、二球目はストレートで誘った。三球目、勝負球のシュートが長嶋の大好きな内角にやってきた。長嶋は「待ってました」とばかりに左腰を開いて強振する。

しかし、打球は力なく捕邪飛に終わった。長嶋はよほど悔しかったのだろう。バットを叩き折り、ベンチのイスを蹴り上げて右足親指を痛めてしまう。

「『連投で稲尾は疲れているぞ』と水原さんがベンチでみんなにハッパをかけるんだが、疲れどころか投げるほどに球のキレがよくなった。脱帽だった」と長嶋。

「逃げたら負け。ピンチになればなるほど勇気が大切なんだ。長嶋との対戦でそれを学んだな」

この最終回の長嶋との対決で、稲尾はまたひと回り大きくなった。

4連投でV3、稲尾を迎える三原監督

稲尾は指導者になってからも、若い投手たちが逃げのピッチングをすると怒った。しかし真っ向勝負して打たれても叱らず、むしろ賞賛した。

臆病と大胆。稲尾はマウンドでキツネと狼という「ふたつの顔」を使い分けるようになった。

「また稲尾にやられた」

三連勝後のまさかの三連敗、水原は腹をくくった。「今度負けたら切腹だ」。水原は監督辞任を秘めて最終戦に臨んだ。

巨人軍の永久欠番、背番号16の川上哲治もまた悲壮な決意を固めていた。かつての〝打撃の神様〟は不動の四番の座を長嶋に明け渡し、このシリーズでは六番に甘んじていたが、第六戦までは20打数の六安打、打率3割と長嶋を上回っていたが、打点は長嶋4に対して0、稲尾打倒に意地の残り火を燃やしていた。

水原と川上、一時代を築いた「巨人の顔」が垣間見せる焦燥感と悲壮感はベンチのムードを象徴していた。水原が心配したとおり、ナインの稲尾コンプレックスは日を追うごとに重症となってきた。そんな巨人ベンチのムードを機に敏な三原が見逃すはずはない。決着をつける最終戦の先発も稲尾だった。

「もう疲れているなんて超越していた。ああ、これで最後なんだ、これが最後の登板なんだ、という気持ちだけだった」

そんな稲尾に豊田が声をかけた。

「マウンドに上がろうとしたらトヨさんが『サイ、打たれろ』と言うんだ。思わず笑ったら、トヨさんもニタリだ。山と言えば川、川と言えば山、いつも逆を言う『山川さん』がトヨさんなんだ。つまり『打たれるな』ということなんだ。しかし、この一言でスーッと気持ちが楽になったよ」

いかにも豊田らしい激励だった。

勢いの差というのは怖い。押せ押せの西鉄は初回、中西の3ランであっさり先制すると、五回には豊田、中西のヒットでダメ押し点を奪い、早々と勝負を決めてしまった。

巨人は八回まで0を重ね、稲尾に通算二十六回連続無失点に抑えられていた。

九回2死で迎えたのが長嶋である。しかし、さすがに不名誉な最後の打者にはならなかった。

連投の疲れが目立ち始めた稲尾の球をセンター前に弾き返し、高倉がトンネルするのを見てとるや猛然とホームへ滑り込み、ランニングホームランで一矢を報いた。

長嶋必死のスライディングでホームに砂塵が舞った。長嶋が巻き起こした砂煙を見て、中西や豊田は深い感銘を受けた、と後に語っている。

「滑り込まずとも間に合うのに顔を砂だらけにした長嶋の姿が美しかった」と。

長嶋にとってもこのシリーズは屈辱だったろう。しかし稲尾から学んだものは大きかった。彼もまたこの経験をバネに大打者へと成長していく。

稲尾はこのシリーズ、七試合中六試合に登板、47イニングという途方もない回数を投げて前年同様、最優秀投手（四勝二敗、防御率1・53）に加え最優秀選手として表彰された。

「また稲尾にやられた」水原は辞表を提出したが、強く慰留されて監督の座に留まった。川上は第七戦終了後、現役引退を発表した。

川上を三振にうちとる稲尾

第五章　野武士軍団の面々

映画「鉄腕投手　稲尾物語」余聞

奇跡の逆転優勝での稲尾の活躍と人気に目をつけた東宝が、『鉄腕投手　稲尾物語』の映画化を企画した。球団も三原監督も一も二もなくOKで、翌三十四年一月に撮影に入り、三月に公開された。父親・久作役に志村喬、母親・カメノ役に浪花千栄子、もちろん稲尾本人も出演した。

この映画の公開で野球を知らない人たちにも稲尾の名前と顔は全国に知れわたることになった。共演した女優の柳川慶子は稲尾の力?に驚いたエピソードを明かしてくれた。

「ロケで福岡に行ったとき、稲尾さんや選手の方たちと夕食をご一緒したんです。つい楽しいものだから遅くなって、時計を見ると羽田行きの最終便に間に合わない時間です。すると稲尾さんが『大丈夫、何とかするから』と言うんです。半信半疑で空港に行ったら『柳川慶子さんですね。お

映画化された“鉄腕”（左は母カメノ役の浪花千栄子）

待ちしてました』と空港の方の案内で機乗できたんです。私のために三十分近く飛行機が待ってくれていたんです。稲尾さんて、凄い。やっぱり神様、仏様なんだ、と感心するやら、びっくりするやら……。何しろ飛行機を止めた人ですから」

待たされた乗客には迷惑な話だが、稲尾が頼んだ航空会社の手配なのか、それともパイロットは熱狂的な西鉄ファンだったのか。真相はともかく、時代はまだ人々に親切で寛大だった。

当時の娯楽といえば今と違って映画が王様、日本映画全盛の時代である。この映画は稲尾の逝去後、追悼番組としてテレビや映画館でも再放送、再上映されたから、白黒のスクリーンから伝わる〝昭和〟に郷愁と感動を覚えた人も多かったろう。

映画は全国の野球少年たちにも強烈なインパクトを与えた。後に西鉄に入団、〝くの字打法〟で人気を集めた竹之内雅史（西鉄、阪神）は少年時代、湘南の映画館で観ている。

「努力すれば稲尾さんみたいになれるんだ、プロに行くなら西鉄だ、と思った」という。

昭和四十三年、竹之内は念願の西鉄に入団して〝憧れの人〟と対面した。

「島原キャンプであの雲の上の人と会った。こちらは緊張でひざがガクガク。稲尾さんは笑いながら、頑張れよと声をかけ、手を差し伸べてくれた。あの時の、あったかい手のぬくもりを今も忘れないよ」

竹之内は湘南ボーイらしからぬ無骨な一徹者だった。乱打されてヘラヘラ笑う投手に「お前、悔しくないのか」と拳骨を見舞ったこともある。後に西鉄から太平洋に変わっても骨太な生き方を貫き、時の江藤慎一監督とベンチで取っ組み合いの喧嘩をしたほど。

師匠はひとり、竹之内は最後まで稲尾門下の長男坊だった。数少ない野武士野球の継承者だった。

管理野球と三原の放任主義

それにしても、西国に誕生したこの球団は、なぜ野武士集団と呼ばれる、後にも先にもないようなユニーク戦闘集団になっていったのだろうか。何と言っても、それは監督の三原脩に負うところが大きい。

昭和二十五年、ノンプロの西日本パイレーツと西鉄クリッパーズが合併、プロ球団・西鉄ライオンズが誕生した。翌年、三原は三顧の礼をもって監督に迎えられた。

「関門海峡を渡るとき私は決意した。巨人よ、水原君よ、私は西に下る。いつかグラウンドで会おう」

西下の決意を三原は自著『プロ野球風雲録』にこう記している。前にも触れたが、水原と三原は旧制中学時代から早慶時代、巨人時代を通じて宿命のライバル同士。その巨人から石もて追われ、打倒巨人に執念を燃やし続けた西鉄監督の八年だった。

個性的といえば聞こえはいいが、ひと皮めくればアクの強い自意識過剰な選手の集団が西鉄だった。三原は管理二、放任八という独自の操縦法でこの野武士たちを飼いならし、チームとしてまとめ上げた。右手に寛容、左手に厳しさ——それが三原の極意だった。後に球界の主流となっていく管理野球とは正反対の手綱さばきだった。

遠征先の宿舎、門限破りのチェックに見回り役が懐中電灯片手に部屋をのぞく。部屋の冷蔵庫からアルコール類は抜き取られ、食事は玄米食を強要される。後の西武ライオンズの森祇晶監督や広岡達郎監督の徹底した「管理野球」は、前身である三原の西鉄野球の否定ともとれるが、この厳しさに耐えて旧西鉄組の東尾修や大田卓司らが育っていったことを考えれば、どちらが正解か、ジャッジは難しい。

しかし広岡監督解任の報に西武の選手たちが「万歳三唱」した話は有名で、選手たちに不人気なのが管理野球なのだろう。

三原は西鉄を離れ、大洋の監督に就任した昭和三十五年、最下位常連のこのチームを一気に「日本一」にし、一段と光芒を放つが、やがてその光を失っていく。その後、近鉄、日本ハムの監督にも就任したが、時代はひと回りして、選手気質も変わっていた。稲尾や豊田や中西といったサムライたちが消え、「指示待ち」選手が大量生産されると、三原野球は時代と微妙にズレてゆく。

アンチ管理野球の仰木

管理野球が主流になっていく時代に、それに逆らうように自ら信奉する三原イズムを貫いたのが仰木彬だった。

肺がんに冒され余命いくばくもないと知りながら、平成十六年に近鉄と合併したオリックスから監督就任を要請されると再びユニフォームを着た。「その体では無理」と周囲は必死に止めたが仰木は首を横に振った。

「人間、声がかかったらどんな状況でも応じるもんだ。これが三原さんの教えなんだ。オレは最後まで三原さんの教えを守る」

仰木は高校時代（福岡・東筑高）はエースとして甲子園にも出場、西鉄に入団するとすぐ打者に転向し、華麗な守備とシャープな打撃で売り出した逸材。甘いマスクの美男だから、その周辺はいつも女性の香りでいっぱいだった。

当時の玉木春男マネージャーは「仰木にはいつも驚かされた」と言う。

「まっ昼間、宿舎の庭で真っ裸で大の字になって寝ているんだ。どうしたと聞くと『また悪い虫をもらったようです。太陽で虫を焼いてるんですよ』なんて言う。それが一度や二度じゃない。あんまりモテるとああなるんだ、とよく新人たちに注意したもんだ」

後に仰木は近鉄、オリックスの監督として指揮を執るが、その「私生活は謎」が多く、現役時代から神出鬼没で忙しかった。

関西でデーゲームを終えるとその足で自宅のある小倉に直帰、友人たちと飲んでほろ酔い加減になったところで徹夜マージャン。翌早朝からはゴルフ、18ラウンドを走りながら回り終えると、新幹線に飛び乗って再び球場に駆けつけるのが仰木流だったというから凄い。並みはずれたスタミナと破天荒な行動はチームでも群を抜いていた。

監督になってからも西鉄時代の三原の教えを克明にメモした大学ノートをいつも大事そうに小脇に抱えていた。優男の顔に似ず、こうと思ったら一歩も引かぬ「川筋男」だったが、稲尾と同じ七十歳で生涯を閉じた。

仰木は管理野球を嫌って、選手の性格、個性を尊重する三原譲りの「自由野球」をモットーにした。イチローや野茂といった大リーガーたちが、もし仰木と出会わなかったら違った野球人生を送っていたかもしれない。

イチローの振り子打法は時の首脳陣から邪道と改良を言い渡されていた。野茂も例外ではなかった。あの独特の腰を右に深く入れて投げる投法が疑問視されたのである。しかし仰木は監督に就任するや彼らの個性を尊重し、いじることなくゲームで使い続け、大成させた。

「仰木野球は面白い」と言われた裏には「野球はベンチがするのではない。選手がするものだ」という管理野球への強烈なアンチテーゼがあった。

亡くなる二年前だったと記憶する。ガン治療のため入院している仰木を見舞った。そこで予期せぬ告白を聞くことになった。

「実は今から十年前、阪神大震災のとき、ひそかに肺がん手術をしたんだ。今回は手術不能ということだ。もう残された時間はないということだよ」と淡々と話していた。

ところが、退院すると仰木は再びオリックスの監督を引き受けた。稲尾や豊田が「体あっての監督」と止めたが「ユニフォームを着て死ねれば本望だ」と言って憚らなかった。

「背広組には理解出来ないだろうが、野球人にとってはユニフォームがすべてなんだ。ユニフォームは夢や希望、誇り、勇気、そんな人生のすべてを包み込んでいるんだ。仰木さんの気持ちはよく分かる」と稲尾は語っていた。

怪童・中西と稲尾

中西のふたつの顔

稲尾は中西太の素振りの凄さに投手として恐怖を感じた、と語ったことがある。

「遠征先の宿舎の庭や大広間でいつもバットを振るんだが、下にバスタオルを巻いただけという裸スタイル。振るごとに畳に汗がポタポタしたたり落ちる。中西さんがバット振るたびに振動で宿舎のガラスが震えるんだからな。あんな迫力は後にも先にも見たことない。どうしてそんなに素振りする必要があるのか、と聞いたら『毎日、振らないと打てる気がしない』と言うんだ。こんな大打者でも隠れた努力を続けてるんだ」

中西は練習の虫だった。宿舎での素振りを欠かさず、さらに誰よりも早く球場に現われては一キロのマスコットバットを軽々と振り回した。昭和三十四年、右手腱鞘炎を患って選手寿命を縮めるが、原因はバットの振りすぎとも言われた。

中西の一〇〇キロの巨体から弾き返される打球は外野席へライナーでポンポン飛び込んだ。その飛距離、打球の速さ、入団してきたルーキーたちはそれを見て驚き、自信を失くしたという。他球団の投手たちの合言葉は「中西の練習を見るな」。見ると恐怖心から投げる球がなくなるというわけだ。

その打球については数多くの伝説が残っている。いわく、打った球が真っ二つに割れた。スイングスピードの速さでボールが焦げた。セカンドライナーと思われた打球が場外まで飛んでいった——などなど。その信憑性はともかく、いまでも中西を歴代日本一の打者と評価する専門家は多い。

「いかにボールになる球を打つか、中西さんはそればかり練習していた。だって中西さんにまともに勝負する投手はいない。ホームランを警戒してボール、ボールだ。ピッチャーが勝負してくれないからボールになる球をいかに打つか、この中西さんの練習法は参考になった。投手も簡単にストライクを取りにいってはダメ。ボールになる球をいかに効果的に使うかなんだ」

稲尾は間近でみる中西の打撃練習を自分の投球術にいかした。

しかし、この強打者にはもうひとつの顔があった。打者・中西と後の監督・中西はまるで別人だった。監督七年目の昭和四十三年、西鉄は開幕から六連敗した。試合後、ドアを閉ざした監督室から中西の嗚咽がもれてきた。

翌日、緊急記者会見が開かれ、球団は「監督は体調不良を訴えている。回復するまでしばらく休養させたい」と発表した。中西は「指揮を執るには体調が悪すぎる」と無念の表情だった。

しかし、休養宣言から一夜明けると、球団が仰天するハプニングが起こった。体調不良で休養のはずの中西が雨天練習場に姿を見せたのである。中西はトレーニングウェアに身を包み、若手選手にバッティングを指導し始めた。

知らせを受けてタクシーで駆けつけた藤本球団部長が「何やってんだ。休養の身なんだぞッ」と怒声を浴びせると中西は蚊のなくような声で答えた。

「だって選手のことが気になって」

ノミの心臓と言われた中西は、少年のようにナイーブで純だった。それゆえにまた豊田や他の選手との確執も生じていくのだが。

こわい野武士たち

稲尾の後を追うように一ヵ月後に逝った花井悠がしみじみと語ってくれたエピソードは、当時の西鉄というチームの雰囲気をよく伝えている。

昭和三十三年、大阪球場での南海—西鉄戦。2—0と西鉄リードで迎えた九回裏1死二、三塁のピンチ。防御に必死の三原監督は守護神の稲尾をマウンドへ送り出した。花井もまた守備固めにライトへ。

急な登板で稲尾の肩はまだ出来上がっていない。ベンチはハラハラして見守ったが、稲尾は明らかにボールと分かる球を四球続けて投げた。敬遠ではない。「肩を作る」ための稲尾一流の芸当である。2死満塁となって打者・寺田の打球は平凡なライトフライ。ベンチもスタンドも「試合は終わった」と思った瞬間、信じられない結末が待っていた。名手・花井のグローブからボールがこぼれ落ち、三人の走者がホームを駆け抜けた。悪夢を見るような逆転サヨナラ負けだった。

「一瞬、ライトが目に入った。グローブの土手に当たってボールを落としてしまった」

しかし、そんな言訳は通用しないプロの世界。花井はナインを乗せた帰りのバスの中で「人生、最大の屈辱」を味わう。

花井は最後にバスに乗り込み、最前列に座った。誰も口をきいてくれない。バスの中はお通夜のように静まり返っている。花井が自責の念にうつむいていると、後部座席から声が聞こえてきた。

「オレだったら、今すぐバスから飛び降りるな」

「オレなら宿の鴨居で首くくる」

花井の背中に強烈な非難と皮肉の矢が次々飛んできた。

「握り締めていた拳がブルブル震えて涙が止まらなかった。長い野球人生の中で最大の屈辱だった」

最後にバスから降りる花井を稲尾が待っていた。

「花井さん、気にしないでください。誰だってエラーするんですから。元気出してください。稲尾がそう言ってくれた。オレのせいで敗戦投手になったのに、恨み言もいわずオレを気づかってくれた。なんて素晴らしいやつなんだ。オレは人が何と言おうと今後、稲尾の悪口だけは絶対に言うまいと誓ったよ」

稲尾の感想はこうだ。

「最近の投手は野手に感謝する気持ちが希薄になっている。野手がエラーしたり、チャンスで打てないと露骨にイヤな顔をしたり、クレームをつけたりする。ピッチャーは野手に助けられることも多いんだ。誰にだって失敗はある。それに腹を立ててたら投手失格だよ」

稲尾の気遣いはそれとして、西鉄の野武士たちとはそんな集団だった。

しかし、慰めと気配りは違う。妙な慰めは薬にはならず、毒になることもある。豊田はそのことを身をもって体験した。

昭和三十七年、豊田は十年在籍した西鉄を去って国鉄（現ヤクルト）へ移籍する。当時の国鉄には大エース金田正一がいた。豊田は金田とともに国鉄の顔として期待された。豊田はここで初めて西鉄の素晴らしさを痛感したという。

「ああ、このチームはダメだとすぐ分かった。オレがエラーしたり大事なチャンスで凡打してベンチに帰るとみんなで『気にしない、気にしない』と慰めてくれる。それどころか『トヨさん、気晴らしに一杯どうです』なんだ。ドンマイ、ドンマイとみんなで傷をなめあっている。オレも慰められるようじゃ終わりだな、と思った。西鉄じゃ考えられないことだったからな」

チームを覆うなれあい、これは弱小球団が冒される病気である。

一歩下がってみれば風景が違うように、国鉄というフィルターを通して野球を見た豊田は、ひとつひとつのプレーに厳しかった西鉄を改めて見直した。

野武士たちの夜

黄金期の西鉄の選手たちはよく遊んだ。地元福岡ではむろん、遠征先でも群れて、あるいは単独でよく遊んだ。まるで試合のストレスを夜のネオンで洗い流し、それを翌日のエネルギーに変えてしまうように遊びにも熱心だった。

その先頭にいたのが、青バットの大下弘である。当時の大下は、赤バットの巨人・川上と並ぶ球界の大スターだった。ルーキー稲尾にとっては口をきくのも憚られるほどの雲の上の存在だったが、大下は気さくで威張らぬ遊び好きの先輩だった。

「ある日、『新人は全員集合』と大下さんから声がかかった。『今日は君たちを面白い所に連れて行ってやる』と言うのでみんな大下さんの後からついて行ったら、『稲尾君はこの女性《ひと》だ』と勝手に決められ、事が終了したというわけさ」

大下の打撃フォーム

大正生まれの大下は、粋や風流といった大正ロマンチズムをこよなく愛し、遊びも豪快で後輩や新人たちを引き連れて散財した。

稲尾もスターになってからは京都・先斗町などあちこちに出没したが、博多はもちろん関東、関西の一流どころに行くたびに、大下の影や匂いを発見して驚いたという。

「先斗町では大下さんはボンちゃんと呼ばれる人

気者、赤坂に行けば大下さんのサインが額に入って飾られてるんだ。一流から三流の店まで、大下さんの青バットは凄かったんだなあ」

元祖一本足打法の天才打者はまた情の人でもあった。

三原監督はそんな大下の性格に散々悩まされた。この四番打者はときどき無断欠勤する。三原がマネージャーに連絡をとらせると「監督、また腹痛らしいです。今日は休ませてくれ、と言ってます」

腹痛の原因は相手チームの先発投手。仲のいい投手が先発と聞くと、決まって敵前逃亡する。西鉄の打線が相手投手をメッタ打ちすると、「もういいじゃないか。あまりいじめるな。あいつも生活がかかってんだから」と中西や豊田に手を合わせた。三原の舌打ちが聞こえたそうである。

大下は昭和五十四年、五十七歳の若さで他界した。新聞は死因を心筋梗塞と書いたが、事実は睡眠薬自殺だった。

西鉄退団後の大下は、阪急の打撃コーチを経て昭和三十九年に東映（現日本ハム）監督に就任した。門限なし、罰金なし、サインなしの「三無主義」を打ち出したが、時代錯誤といわれてわずか一年で更迭された。

野球も遊びも自由気ままに過ごした天才打者の晩年は決して恵まれたものではなかった。

自宅でのひっそりとした葬儀に駆けつけた豊田は、「人も少なく寂しい葬儀だった。お棺を担がせてもらったが、天下の大下さんの葬儀なのになぜなんだ！　と不憫で不憫で、涙が止まらなかったよ」と悔しがった。

大下は翌五十五年、野球人最高の栄誉、野球殿堂入りを果たした。不遇な晩年に差しこんだ一条の光だった。

「ささんか」の人、豊田

夜の巷でよくモテた西鉄の選手は「マスクで豊田、仰木。ハートで稲尾」が三羽ガラスだったという。

豊田は女性の口説き方もストレートの一本ヤリ。相手の目を見つめては単刀直入に「オイ、今晩、ささんか」。で、ついたあだ名は「ささんかの人」だった。

仰木はなぜか「押さえ込みの人」。稲尾は「死んだふりの稲尾」で有名だった。

稲尾がまだ独身時代、京都のお茶屋でのエピソードを藤本哲男・元マネージャーが笑いながらよく話していた。

「当時の選手たちはみな豪遊していた。五、六人で京都で遊んだ。夜も更けて、さあ、お開きとなったが、稲尾が苦しそうな表情を浮かべて『どうも悪酔いしたようです。しばらく休んでから帰ります』と死にそうな顔で訴える。じゃあ、ということで我々は店を出た。ところが忘れ物に気づいて引き返してみると、稲尾が上機嫌で女の子とジャレあっている。あの時の稲尾のあわてた顔といったらなかったよ。選手たちにその話をすると、あいつオレたちと一緒のときもすぐ悪酔いする。そうか、仮病だったのか、ということで『死んだふりの稲尾』になったわけだ」

稲尾の先輩たちには荒削りだが骨太、純で粋な男が多かった。「宵越しの金を持つな」とうそぶ

打撃も遊びも豪快だった豊田

く大下や中西、豊田らの薫陶よろしく稲尾も遊びにかけては人後に落ちなかった。

「稲尾？　決して男前じゃない。むしろ冴えない顔をしていた。しかし不思議によくモテたなあ。ヌーボーとしてどことなく頼りなさを感じさせる。その辺が彼女たちの母性本能をくすぐるんだろうな」

同期の畑の感想だが、東京で稲尾から食事を誘われて仰天する。

「待ち合わせたレストランに行くと、何とスクリーンでしか観たことのない憧れの大物女優が一緒にいるんだ。この二人はただごとじゃない、とすぐ分かった。稲尾は彼女に甘えっぱなしでこっちは見ていられなかったよ」

稲尾が東京遠征に行くと真っ赤なスポーツカーが迎えにくる。くだんの大物女優の運転で消える稲尾に同期生たちはため息の連続だった。彼女は稲尾の母カメノさんを東京見物に案内したり、撮影所を案内するなど「次のステップ」に向けてそれなりの努力を続けていたようだったが、やがてふたりの蜜月は週刊誌にスッパ抜かれ、球団も映画会社も大慌てでした。

稲尾の浮名はこればかりではない。有名歌手とも艶聞を流すなどなかなかのものだった。当時の稲尾の放蕩ぶりを関口が語っている。

「あの当時、稲尾に限らずみんな遊びまくった。ハケロがないと身が持たなかったんだ。稲尾も遊んだからこそ連投、連投の緊張感に耐えられたと思う。じゃないと、とてもあんな活躍は出来なかったよ」

遊びこそ活力源という男のダンディズムがまだまかり通る時代だった。

第六章　挫折から生まれた大記録

鉄腕ふたりの友情

映画出演に始まった稲尾の昭和三十四年だったが、西鉄は前年の奇跡の逆転優勝で燃えつきたのか、坂道を転がるように下降線をたどり始める。

この年、西鉄は出足からつまずき、終わってみれば六十六勝六十四敗十四分でリーグ第四位とファンの期待を裏切る結果になった。

稲尾自身の成績は三十勝十五敗、三年連続三十勝はさすがを思わせたが、勝率、防御率ともにデビュー以来の四年でワーストだった。

稲尾を上回る活躍を見せたのが南海二年目の杉浦忠だった。三十八勝四敗という驚異的な勝ち星をあげ、南海は杉浦の大車輪の奮投で宿敵西鉄からペナントを奪回した。

巨人との日本シリーズでも、杉浦はかつて立教大の盟友だった長嶋を敵に回して四連投四連勝という大活躍をみせ、稲尾にかわって鉄腕の名をほしいままにした。連投で右手中指の豆がつぶれ、ボールに血が滲んだが、それでも杉浦は投げ続けた。

翌三十五年も杉浦は三十一勝した。しかし酷使からくる肩の疲労で〝黄金の右腕〟は血行障害を起こし、ひじにメスを入れる外科治療をしたが、大きく曲がるカーブも、地から浮き上がってくるストレーも再び回復することはなかった。

それでも稲尾が四十二勝という大記録をつくった昭和三十六年、杉浦は二十勝九敗と残り火を燃やした。「鶴岡監督を日本一にしたい」と一途な執念を燃やし続けた投手人生だった。

稲尾と杉浦は球史に残るライバル同士だったが、ライバルでありながら、二人は相手を敬い、友情を育んできた。連投につぐ連投にふたりともよく耐え、酷使に応え続けたため肩はボロボロになり、投手人生は短期間で燃え尽きた。

しかし、ふたりの友情は現役を退いた後も変わることはなかった。いや、むしろ絆は引退後さらに強くなったかもしれない。

後に評論家として平和台球場に現れた杉浦と記者席で同席したときのことだ。

「この球場に足を踏み入れて西鉄のユニフォームを見ると、今でも全身に鳥肌が立つなあ。昔はみんな鳥肌が立つほどの緊張感の中でプレーした。だからみんな巧くなったんだよ」

杉浦は記者席から西鉄ライオンズのユニフォーム姿を目にして突然、ハラハラと涙をこぼした。稲尾と投げあい、中西、豊田ら西鉄打線と対決した往時への郷愁の涙だったか、それとも栄光の両チームのその後の凋落に悲嘆する涙だったか。杉浦にとっても西鉄との激闘の数々、ライバル稲尾との対戦が、野球人生の原風景だったに違いない。

現役引退後、ふたりとも指導者の道を歩いたが、互いに相手への敬意を忘れず、頼りにし合った。

「サイちゃん、近鉄のピッチャーを集めるから、投手の心得を教えてくれないか」

「サイちゃん、オレはオーバースロー投手の指導ができないんだ。教えてくれないか」

稲尾は稲尾で、下手投げ投手がうまく指導できない。決まって「スギさん、頼むよ」と声をかけた。

そして、晩年。ふたりともマスターリーグの監督をつとめ、杉浦は平成十三年十一月十一日、監督として札幌に遠征中、不帰の人となった。六十六歳だった。

杉浦は「酒あり、友あり、情あり」と、よく口にしていた。稲尾の思いも同様であったろう。

三原退団のショック

落日のライオンズで稲尾は鉄腕株を杉浦に奪われた悔しさと虚脱感の中にいた。そんな稲尾やナインにさらにショックを与えたのは三原監督の退団だった。

三原は前年の日本シリーズ後、「役目は終わった」と辞意を表明したが、三年連続日本一の監督の辞表をスンナリと受け取るわけもいかず、球団は「あと一年お願いしたい」と慰留した。

三原にとって退団は予定のシナリオだったが、三原をオヤジと慕い、頼っていた稲尾ら選手にとっては、頭を思いっきり殴られたようなショックだった。

「俺たちを見捨てるのか、という思いだった。みんな三原さんに育てられた子供みたいなもんだったからな。チームはどうなるんだろう、これからどうすればいいのか、と不安だった」

しかし、一騎当千の野武士たちの退団する三原への評価はさまざまだった。個性派集団といえば聞こえはいいが、言葉を換えればアクの強いわがまま集団である。そんなチームをリードするため、三原は時には羊、時には狼、あるいはタヌキといろんな顔を使い分けていた。

三原は近鉄監督になった昭和四十三年、娘婿の中西・西鉄監督と不仲になってほされていた仰木をコーチに招いた。さらに日本ハムの監督に就任すると、今度は投手コーチに河村を指名、自ら就任要請する熱の入れようだった。

なにしろ西鉄時代には「タヌキとは口をきかん」と三年間、三原とは口をきかなかった河村に執心する意図を記者から聞かれ、三原は苦笑して答えたものだ。

「私に反抗ばかりしていたって？　あの当時の河村はまだガキでんがな」

個人感情は二の次、それより能力、技量への評価を優先させるのが三原だった。

その口癖はふたつ。「人間求められるうちが花」。もうひとつは「人の誠意を信じるな、誠意など風向きひとつで変わる」だった。合理的なさめた人間観とも言えよう。

河村はともかく、他の選手にとって三原のチーム操縦法はどう映っていたのだろうか。

「三原さんは選手を信頼して『よし、ここは君にまかせた』だった。監督がそこまで自分を信頼してくれるなら、頑張らなくっちゃと選手も奮い立って能力以上の力を発揮していく。よく三原魔術といわれたが、選手を乗せてその気にさせるのが三原さんのやり方だった」

稲尾は「君に任せる」という三原の「殺し文句」に弱かった。その信頼に応えて信じられないような活躍をしてみせた。

しかし豊田は、三原の「任せる」は実はなかば監督の責任放棄、選手への責任転嫁ではないかと疑問を持ち続けていたひとりだ。

豊田が三原采配に疑問を感じたのは、前年の巨人との日本シリーズ、奇跡の逆転勝利のゲームでのことだった。一勝三敗で迎えた第五戦、3−2と一点リードされた九回裏無死二塁の場面。一打同点の好機に打席の豊田は強攻か、送りバントか、三原のサインを待った。ところが監督のサインが出ない。

「確認にいくと『君はどう思うか』なんだ。ここはバントでとりあえず同点狙いでしょう、って言うと『君に任せた』とくる。なんだ、全部責任をオレにかぶせるのかと思った」

豊田は送りバントを選択。この犠打が土壇場で起死回生の同点打を呼び、稲尾の劇的なサヨナラホームランを呼び込み、奇跡の逆転優勝につながる。しかし豊田はこの一件を長い間考え続け、こだわってきた。

「君に任せた」の三原采配を稲尾は意気に感じてエネルギーにしたが、豊田のように「リーダー論」に置き換える選手もいたのだ。

昭和五十九年、七十三歳の三原は死の床についていた。見舞った稲尾に三原はこう詫びたという。

「稲尾君、君を酷使して投手寿命を縮めたことを後悔している。どうか許し欲しい」

思いがけない三原の言葉だった。稲尾は三原の最期の近いことを悟ったという。

稲尾の「関白宣言」

三十勝はあげたものの、チームは四位、「鉄腕」の座を杉浦に明け渡し、追い打ちをかけるように三原監督の退団……さすがに稲尾も傷心のオフとなった。

そんな稲尾の心の空洞を埋めてくれたのが結婚だった。昭和三十五年一月十五日、稲尾は荒木律子さんと結婚する。律子さんの実家は東京・目黒で父は尺八の名取り。彼女は野球とは無縁に育ってきたが、知人に紹介されて見合い後、わずか一ヵ月でゴールインした。いかにも稲尾らしい直球勝負である。

律子さんと結婚

稲尾は早くから、母カメノへの恩返しに「ひとつだけ絶対に守る」と、決めていたことがあった。「嫁だよ。お袋が気に入ってくれた女性としか結婚しない」と。

その母親の「和よ、あの娘はいい。あの娘ならお前にぴったりだ」という言葉に背中を押されて決断した。

結婚に際して稲尾は、律子夫人に「関白宣言」をした。

「野球選手だから二十四時間、野球のことだけ考える。だから家庭のことは一切しない。それで良ければ結婚してくれ」

いまどきこんな「関白宣言」でもしようものなら、奥さんはさっさと荷物をまとめてホームスチール（本盗）だろう。しかし稲尾より三歳年上、昭和一ケタ生まれの律子夫人は、控えめなひたすら家庭を守り通す良妻賢母だった。

球団関係者はじめ友人、知人からしょっちゅう電話が掛かってくる。律子夫人から返ってくるのはいつも「申し訳ありません。外出してるんですよ」。稲尾のニックネームに「居ないさん」が加わった。

それにしても畑が「ただならぬ間柄」と看破したあの大物女優とのその後はどうなったのだろうか。稲尾現役引退後のある日、福岡市内のホテルでこの大物女優と稲尾が偶然ばったり再会した。食事を終えた稲尾が玄関のドアに手を伸ばそうとした瞬間、彼女が入ってきた。慌てて回れ右をした稲尾に笑顔の彼女が近づいてきた。

「稲尾さん、長い間お疲れさまでした。今度は監督さんだそうですね。陰ながら応援してます」

彼女の柔らかい微笑と堂々たる応対に、照れる稲尾は口をもぐもぐさせて頭を掻くばかりだった。

この「関白宣言」を黄門様の印籠のように、結婚後も稲尾は自由奔放に生きた。稲尾の死後、弔問に訪れた豊田は憔悴しきった夫人を気づかった。

「あいつのことだ。奥さんにさんざん苦労かけたろうなあ。遺影の稲尾に、天国から奥さんに手を合わせろ、と声をかけたよ」

稲尾は四人の娘に恵まれたが、飼っていた犬もメス。

「男の子をひとりくらいはと思っていたが、これはばっかりはなあ」

男の子が欲しい、とひそかに「男女産み分け法」まで研究していた。筆者も新婚当時、その秘策なるものを何度も伝授された。その成果かどうか私に長男が誕生すると、稲尾はことのほか喜んでくれた。

「お前はいいなあ。この子は手足が大きいからきっと大きな男になるな。オレなら野球選手にするぞ」

私の長男を高々と抱き上げた羨ましそうな顔がいまだに忘れられない。

長女・多香子さんに長男が生まれたときの喜びようは尋常ではなかった。「これが稲尾家待望の男だ」と大事そうに写真を持ち歩いていた。晩年の稲尾は七人の孫に囲まれた好々爺だった。

迷走始める西鉄

さて、三原退団後の西鉄、後を継いで監督に就任したのは川崎徳治だった。

川崎は福岡・久留米の出身、昭和二十五年の西鉄ライオンズ誕生と同時に巨人のエースの座に未練も見せず、新生西鉄に馳せ参じた郷土愛に燃える男だった。

川崎は巨人から三原を招聘した中心人物でもあった。いわば西鉄という新興チームを耕し、種を蒔いたのが川崎、稲尾入団前の西鉄のエースだった。監督就任は西鉄を去る三原が「後は川崎君でお願いしたい」と強く要請したいきさつもあった。

三原のもとで名マネージャーといわれた藤本哲男が後にこの交代劇の顛末を明かした。

「実は西鉄本社や球団の中には大下を推す人も多かった。何しろ青バットの大下だ。人気と実績はNO1だったから。しかし三原さんはガンとして首を縦に振らなかった。ふたりの感情的な行き違いはともかく、自分を西鉄に呼んでくれた川崎への恩返しの意味もあって強く推したんだ」

川崎は郷里の筑後言葉でいう「ヨカヨカ、なぁーも言わんでヨカ」通りの人で、あだ名は「仏のトクさん」。選手からの人望も信頼も厚かった。しかし仏にも鬼にもなってこその監督業であろう。大の競艇ファンで競艇に熱を入れ過ぎるのも後には減点材料になった。

だが川崎監督の悲運は実は別なところにあった。往時の栄光に浮かれて補強を怠った球団の怠慢から西鉄にはかげりが見え始めていた。

頼れるのは稲尾、中西、豊田。しかし右手首腱鞘炎を理由に中西はゲームにほとんど出場できず、監督レースに破れた大下は退団、川崎は打線から中西、大下を欠いた西鉄を率いていかなければならなかった。

やがてチーム内から不協和音が聞こえ始めた。批判は川崎と中西へ向けられた。

「監督は中西に遠慮しすぎる」

批判の急先鋒は豊田だった。ベンチ内で堂々と中西に毒づいた。

「フトシさん、あんたゲームに出ないならそんな腐れ手首は切っちまえよ」

心臓一突きの皮肉。言われる方にはこたえる。もともとあまりソリの合わなかった二人の関係はそれまで以上にギクシャクしてきた。

中西、豊田の確執

両雄並び立たずは世の常だが、西鉄でも例外ではなかった。

中西と豊田、ともにチームの顔だが、実は犬猿の仲だった。ノミの心臓と言われた中西と、対照的に水戸ッぽの豊田はとにかく気が強く思ったことをズケズケ口に出す。色に例えれば白と黒ほど違っていた。

後に中西は監督として八年間チームを引っ張ったが、監督・中西はベンチの中でいつも〝弱気の虫〟に悩まされていた。九回2死満塁、打者2―3の大ピンチ、ベンチの中西はもう見てはいられない。両手で目を覆い「どうなった？　どうなった？」だったという。

選手時代には強打者として数多くのタイトルをとり、怪童の名を欲しいままにした中西だったが、なぜかチャンスに弱かった。そんな中西を見て豊田は「ランナーのいないときにホームラン打つんだよな、気が弱いからランナーがいると打てないのさ」と広言して憚らなかった。

そこまで言うだけに豊田はチャンスに強かった。

「ランナーが出て打席が回ってくると鳥肌が立つんだ。よーし、ここで俺が、とね」

乾いた両手にフーッと息を吹きかけ、呼吸を整え、手に湿りをくれる。豊田独特の武者ぶるいから何度も奇跡を呼ぶ快打が生まれた。

しかし豊田の強烈な個性は、しばしば周囲を困惑させもした。

腰痛で三試合ほど欠場していた豊田が久しぶりにグラウンドに現われ、フリーバッティングを始めると、快音とともに打球はポンポン、スタンドに消えていく。

「お前、ほんとに腰が悪かったんか」

先輩の関口が冷やかした。

「気にしてること、言いんしゃんな！」(言うな)

豊田は大声で怒鳴ると、バットを放り投げ、そのまま帰ってしまった。

周囲は唖然として豊田を見送り、ジョークがジョークでなくなった関口は「あいつ、バカじゃないか」と苦笑いするしかなかった。

当時の選手にはこんな直情型が多かった。後に巨人に移籍して王、長嶋とクリーンアップを組んだこともある田中久寿男(故人)などはその代表格。試合で打てない。フラストレーションがたまる。すると職場放棄してインディアンのバイクを吹かしてそのまま郷里の佐賀へ一直線。翌日、父親に連れられて三原に詫びを入れるのが常だった。

ストレートな自己表現は個性として受けとめられ、時代はまだ寛容だった。

稲尾は、中西と豊田という対照的なふたつの個性に挟まれて苦労した。

「中西さんは決してそんなことは……。イヤ、それは中西さんの誤解で……」

良かれと思っての仲介や弁護は、結局「あいつは八方美人」と今度は稲尾に批判の矢が飛んできた。しかし、八方美人と批判されても、稲尾が言い返したり、非難のキャッチボールをするようなことはなかった。

昭和四十二年、捕手として巨人から西鉄に移籍、退団後も稲尾と行をともにしてきた宮寺勝利は
「人の悪口を言うのを聞いたことがない。批判されたりひどい目に遭っても何も言わない、言い返さない。不思議な人だったなあ」と回想している。

「一言でいえば、あの二人は天国に逝っても握手することはないかもしれん。しかしなあ、中西さ

んの存在があったから、豊田さんも負けまいと頑張ったんじゃないかな。ライバルがしのぎを削ってこそチームは強くなるんだ」

晩年の稲尾の述懐だ。

「勝って和」してきたはずの西鉄は、勝てなくなると「一人一閥」に戻り、内部の乱れという最大の難敵に直面していた。

初めて味わう挫折

昭和三十五年という年は、列島が岩戸景気に沸く一方で日米安保条約の改定をめぐってデモの波が連日国会を包囲し、大荒れに荒れた年でもあった。その安保騒動のさなかに総理が「後楽園は毎日満員じゃないか」と安保反対勢力の結集をからかう発言をして物議をかもしたが、確かにプロ野球熱は前年の巨人－阪神の初の天覧試合などもあってさらに沸騰していた。

パ・リーグはミサイル打線の爆発で大毎が西鉄に12ゲームの大差をつけて優勝、西鉄は三位に甘んじた。セ・リーグは西鉄から移籍した三原監督率いる大洋が前年の最下位から優勝、この両チームが日本シリーズで対戦中に、演説中の浅沼・社会党委員長が刺殺されるなど衝撃的な話題に事欠かぬ年になった。

しかし、稲尾はプロ入り後初めての挫折を味わっていた。この年、登板はわずか三十九試合で二十勝七敗、いまなら堂々たる成績だが三十勝が最低ノルマだった稲尾にすれば不本意な成績だった。原因は右手親指の突き指だった。打球をモロに受けてそのまま病院行きだった。本格的にマウンドに上ったのはオールスター後、しかしそこから勝ち続けて二十勝をあげるのだが、それでもブーイングが起きた。

「神様も結婚したら勝てなくなったなあ」

近所に買物に出かけた律子夫人の耳にも、聞こえよがしにそんな声が入ってくる。

「結婚してダメになった、と俺ばかりか新婚の女房にまで非難の矢が飛んできた。しかしケガは仕方ないが、俺自身、慢心がなかったといえばウソになる。街に出れば『神様、仏様』だろう。地球は自分のために回っていると錯覚していたのかもしれない。ケガは天狗になった俺の鼻をへし折ってくれたんだ」

「実るほど……」の父の格言を忘れていたのか。稲尾はまだ二十三歳の若さだった。

誰でも一度や二度は慢心病を患う時期がある。それを治療せずに進むか、あるいは退治するか。稲尾の選択は後者だった。

四十二勝の大記録

心機一転、驕《おご》りの虫を退治した稲尾は翌三十六年、大リーグにまで鳴り響いたとてつもない大記録を達成する。

この記録を可能にしたのが、稲尾〝伝家の宝刀〟と呼ばれたスライダーである。「キラッと光って消える」といわれた外角をかすめて鋭く曲がる稲尾のスライダーは、入団二年目から開発に取り組んだ武器である。

稲尾の投球フォームはスリークォーター気味で、腕が円回転する。いわゆる横振りである。しかもつま先立ちして投げる。そのせいで内角に投げるストレートが自然にシュート回転し、外角に投げるストレートはナチュラルに外に逸れてゆく。一年目にそのことに気づいた稲尾は二年目からは意識的にその球を磨いた。

しかし、そのフォームのせいでフォークや落ちる球など縦の変化には向いていなかった。晩年、フォークやカーブにも挑んだが、ブルペン捕手に「全然曲がりませんよ。落ちません」と言われて憮然としていたものだ。

入団時、コーチから「バックスイングが小さいからもっと大きくしろ」と指摘された。捕手経験のある稲尾は、その癖が抜けずにどうしても捕手のスローイングのような小さいバックスイングだった。

指摘されてフォームの改造に取り組んだが、右足のつま先に全体重をかけて伸び上がり、大きなタメを作ってから左足に体重移動する。弓に例えるなら強弓の弦が切れるのではないかと思えるほど絞り込んでから一気に放つ。引きの強弱で矢の早さが違ってくる理屈だ。

しかし、よほど柔軟で強靱な足首や腰がないと、右足のつま先で全体重を受け止めるのは難しい。つま先が悲鳴をあげて身体のバランスが崩れるか、右足が我慢できずに左肩の開きが早くなり、弱く不安定なボールになってしまう。

「投手として理想のフォーム」と西本幸雄（元阪急、近鉄監督）が絶賛したように、各球団の投手コーチたちは、稲尾のフォームを教材にしたが、「とてもじゃないが、あのフォームは稲尾じゃなければダメ。俺を含め選手も努力したが、誰一人あのフォームはできなかったよ」と南海、オリックスの投手コーチをした河村英文は語っていた。

そのスライダーが「やっと完成した」と自信を持てるようになったのがこの年、昭和三十六年だった。

この年の稲尾は百四十試合中、七十八試合に登板した。西鉄の投手陣はすっかり手薄になり「すまんのう。お前しかいないんじゃ」と新監督の川崎に頼まれれば、稲尾はくる日も来る日もマウンドにあがった。ダブルヘッダーの両試合に登板し、一日二勝をあげたことすらある。

「すまんどころか逆に有難かった。お陰で四十二勝も出来たんだ。前の年は二十勝どまりでチームに迷惑かけ、新婚の女房も泣かせたからな。借りが返せたという気持ちだった」

宝刀スライダーの完成だけではない。もうひと皮むけた新しい稲尾の誕生を自覚していた。

「それまでは余裕もなく無我夢中で投げていた、というのが正直なところだった。しかしあのシーズンはどんなピンチを迎えても、ここは1点やってもいい。ここは歩かせてもいいぞって、もうひとりの自分がささやくんだ。そうか冷静に状況判断するとはこのことか、これが心・技・体の一致ということだな、と思った」

稲尾は円熟の境地にはいりつつあった。

しかし、稲尾の奮闘にもかかわらず、西鉄は首位南海に5・5ゲーム差で三位に終わった。稲尾の活躍だけが目立ち、依然チームは低迷を続けていた。

投手起用の変化と記録

年間四十二勝十四敗、防御率1・69。年間四十二勝は日本新記録と連盟はいったん認定したが、よく調べてみると昭和十一年、巨人のスタルヒンが記録していることが分かってタイ記録となった。「なら、あと一勝すればよかった。チャンスはまだあったのに」と稲尾は悔しがった。なにしろ戦前の記録である。連盟も資料や記録への管理がまだ杜撰《ずさん》だったのだろう。

稲尾の記録は日本タイ記録と修正されたが、これで価値が半減したわけではない。むしろ戦後、プロ野球隆盛時に誕生した大記録として、稲尾の名を不朽のものにした。おそらく今後もこの記録が破られることはないだろう。

中五日、六日の先発ローテーションがきっちり守られ、しかも中継ぎ、抑えと分業システムが出来あがっている現在では考えられない四十二勝であろう。後輩投手たちは「バカだよ、稲尾さんは。あんなに投げれば肩がこわれてしまう」と臆面もなく言い放つ。事実、この記録を聞いた大リーグの選手たちは「オー、クレージー!」と驚いた。

このシーズン、稲尾の登板は七十八試合、404イニングス。この驚異的な日本記録が、後に各球団関係者を悩ますことになる。

投手の分業システムの確立で、抑えや中継ぎ投手の登板試合数と投球回数が飛躍的に増えてきた。一日1イニング、これが平均的な抑え投手のパターンとなり、阪神の抑え投手が稲尾の登板数に並びかけた時、記録に精通した球界関係者から阪神に抗議の手紙がきた。

「稲尾は404イニングスも投げて七十八試合登板している。この偉大な記録の重さを考慮して欲しい」という趣旨だった。

阪神はすぐに抑え投手の登板数を76でストップさせた。しかし記録に聖域はない。平成十三年、広島の菊池原毅（現オリックス）が投球イニングは51回⅓だが、登板数で稲尾に並んだ。

次いで平成十八年、阪神の藤川球児が八十試合に登板して記録を塗り替えた。イニング数は100にも満たないが、真っ向勝負の力感あふれる投球は多くのファンに感動を与えている。

その人気と実力。藤川なら稲尾に失礼はない、と阪神は判断したようだ。

「まだ残り試合も多い。ウチも優勝争いしています。大事な試合が続くので藤川に投げてもらいたいと思っています。稲尾さんの登板数記録を抜きそうです。ご了解いただけないでしょうか」

稲尾に敬意を表して岡田監督は「断り」の電話を入れた。むろん稲尾は「気にするな、それより藤川に頑張るように言ってくれ」と答えた。

これで登板回数とイニング数の「セット論」はようやく幕を閉じた。

四十二勝後日談

四十二勝から十四年後の昭和五十年、ユニフォームを脱いで評論家生活に入った稲尾は、巨人軍がキャンプを張るベロビーチを取材に訪れ、大リーグ関係者からも大歓迎を受けた。ヤンキース・スタジアムではオーロラビジョンに「四十二勝したイナオ」と紹介されたが、大半の大リーガーたちは「四十二勝」を稲尾の生涯記録と勘違いしていた。稲尾が「ノー、ワンシーズン・レコード」と説明すると、異口同音に「ユー、クレージー！」とどよめいた。

「個人主義の国、アメリカにすればクレージーだろうなあ。しかし、アメリカはかつてのスターたちを敬う国だとつくづく日米の違いを痛感した。オーロラビジョンに紹介されてびっくりして、感激で涙が出たよ」

その年、後楽園の巨人開幕戦を稲尾は解説者として観戦した。球場のゴンドラ席に着くと突然、場内放送が流れた。

「いま放送席に四十二勝投手、稲尾和久さんがお見えです。稲尾さん、長いユニフォーム生活、お疲れさまでした」

突然のことに驚いた稲尾が立ち上がると、観衆も総立ちで「稲尾、感動をありがとう」「またユニフォームを着てくれよ」と声がかかり、嵐のような拍手が自然にわき起こった。巨人ベンチからは長嶋、王らナインが手を振っていた。

「巨人ファンにとってオレは敵役だとばかり思っていた。でも東京のファンは温かかった。思わず胸が熱くなった。監督をやっていいことはひとつもなかったが、あの拍手はイヤなことをすべて洗い流してくれたよ」

稲尾の細い目から涙がこぼれ落ちた。後に稲尾はあの粋な演出の仕掛け人が実は長嶋だったと聞かされてまた感激した。

「六十歳の肩ですよ」

しかし人生は皮肉である。四十二勝をあげたこのシーズン、心技体の一致を体得し、投手として円熟の域に入った稲尾だったが、肩とひじに違和感が残っていた。

体が叛乱を起こし始めていたのである。404イニングスを耐え抜いた代償は、肩やひじへの疲労の蓄積だった。

それだけではない。「稲尾のせいでオレの勝ち星がフイになった」と、他の投手陣の不平不満が屈折した形で、人のいい川崎監督の采配に向けられた。

そんな不協和音がふくれあがるなか、川崎が監督を辞任した。西鉄は三原と並ぶチームの功労者として球団常務のポストを用意したが、川崎は固辞して身を引いた。

その後、川崎は阪神のピッチングコーチとして新人・江夏豊と出会い、ストレートしか投げられなかった江夏にカーブを伝授してあの大投手に育て上げる。稲尾と江夏、左右の違いはあっても、球史に残るふたりの大投手との出会いは川崎の心の財産だったろう。

「三原さんがよく、『投手族は我が強くて一筋縄ではいかない。しかし、ひとりだけ例外がいるな』と言っていた。その例外が稲尾だった。私の無理難題も、分かりましたのひと言でマウンドへ行ってくれた。しかし、稲尾を酷使したのは私の責任だ。もっと大事に使っていればまだまだ投げられた。私はそのことでずっと悩んできた」

川崎は平成十七年、八十三歳で他界したが、稲尾の顔を見ると「すまんやったのう」を繰り返していたという。

昭和三十六年のオフ、リハビリと治療を兼ねて訪れた関東の病院で稲尾は「あなたの肩は六十歳に近いですね」と言われた。

稲尾ほど右肩を大事にケアしていた投手はいない。重い荷物は左手、右肩は分厚い毛糸で包み真夏でもはずすことはなかった。いまはアイシングが常識だが、稲尾の時代は「肩を冷やす」のはタブーだった。

「いまほど治療法が発達していれば違った結果が出ていたかもしれない。アメリカじゃ肩やひじにメス入れるのが当たり前だからね。しかし振り返って考えると、病院で言われたとき痛みがあるわけじゃないし、あまり気にしなかった。あのときじっくり治療していれば、と思うこともあるが、結果論だしなあ」

稲尾が医師から警告された六十肩を実感したのは翌三十七年のシーズン直前だった。

「稲尾さん、そろそろ座りましょう」

ブルペンで伊藤勝利捕手に促されて投げると、ボールは一〇メートルもいかない。その時のことを伊藤は鮮明に覚えている。

「ふざけているのかと思った。ところが段々、稲尾さんの顔から笑みが消えた。だってオレのミットまで届かないんだ。稲尾さんが近寄ってきて『今日のことは誰にも言うんじゃないぞ。みんなに心配かけたくないから』と言うんだ。しかしあんな深刻な顔をした稲尾さんを見るのは初めてだった。四十二勝もしたんだ。肩もボロボロになっているかもしれないな、と思った」

肩に加えひじにも痛みが走った。稲尾は投手人生の第二幕を迎えようとしていた。

第七章　投手の品格

〝青年内閣〟の誕生と崩壊

稲尾が「誰にも言うな」と口止めしたのには訳があった。

実はこの年、西鉄はポスト川崎の〝青年内閣〟を発表していた。中西監督（二十八歳）、豊田助監督（二十七歳）稲尾投手コーチ（二十四歳）の若きトロイカ政権の誕生である。あまり前例のない若い布陣、もちろん三人とも現役兼任である。

球団は毛利元就の故事にならって、これを〝三本の矢〟と呼び、人気回復の起爆剤と考えていた。稲尾が口止めしたのは、そんなチーム事情を考えてのことだった。

「多かれ少なかれ誰でも故障やケガと闘っているんだ。少々の痛みでも平気な顔をして試合に出る。休みでもしたらレギュラーの座を奪われるかもしれないんだ。だから故障、ケガでへこたれたら終

“青年内閣”の誕生（左から稲尾、中西、豊田）

わりだよ」

事実、中西は腱鞘炎を患い、豊田は腰痛に悩まされていた。三本の矢は、いずれもいつ折れても不思議のない故障という敵と格闘していた。しかし、かつての同僚が指導者となってまみえると、これまで感じたことのないチーム内の不穏な風が感じられた。まず指導者同士の意見の対立である。若手監督の中西は苦労した。

「若過ぎた。だってオレは二十八歳、豊田も二十七歳。稲尾は二十四歳だよ。監督なんて引き受けたのが間違いだった」

中西が最初にチームに持ち込んだのは義父であり師でもあった「三原ノート」だった。これに豊田を中心にした「チーム改革派」が反発した。

「チームを再建するんだ。オレたちで新しい西鉄を作るべきだ」

中西派、豊田派と別れた両派閥の間で稲尾は中立を守った。争いを好まない稲尾らしい選択だった。後に稲尾は語っている。

「あの人事でチームはおかしくなった。中西さんは監督業に専念した。それが豊田さんは面白くない。『三人で試合に出てみんなを引っ張ろうと、あれだけ固い約束をしたのにどうしてなんだ』と中西さんに噛みつく。みんな西鉄を想う気持ちは一緒なのに手段が違っていた」

このシーズン、肩とひじの痛みを我慢しながら稲尾は五十七試合に登板、二十五勝十八敗の成績を残し、夏には通算二百勝を達成している。

さすがに負けが込んで防御率は2・30。しかし、肩やひじの異変を隠しての登板だったことをチームメートは知らない。

西鉄から後に巨人に移籍、八年前に故人となった田中久寿男によれば「あの年、一生懸命に野球をやっていたのは稲尾とトヨさんだったなあ。二人とも故障を抱えながら必死にプレーしていた。あの姿にはみんな感動していたよ」

しかし、この青年内閣はわずか一年で瓦解した。稲尾は投手コーチの肩書きを返上し、その年の暮れには豊田の国鉄移籍という衝撃のニュースが発表された。

すでに大下は引退、関口は阪急へ、河村は広島へ去り、あの最強時の主力たちはそれぞれバラバラになっていた。そして今度は西鉄・野武士軍団のシンボルのような豊田である。

「三人でチームを再建するつもりだったのに残念だ。後のことは頼んだぞ」

豊田は後事を稲尾に託して去った。

豊田がプレゼントした？優勝

しかし、豊田は去りぎわに西鉄にビッグなプレゼントをしていった。

豊田の獲得で国鉄が西鉄に支払った移籍料は二千万円。いまなら三億か四億。この豊田移籍で得た大金で西鉄はトニー・ロイ、ジム・バーマ、ジョージ・ウィルソンの三外国人選手を獲得する。実力は3Aクラスだったが、日本の野球にマッチしたのだろう。彼らはまるで水を得た魚のように翌年の西鉄で生き生きとプレーした。

昭和三十八年、この三外国人選手の活躍もあって一時は14・5ゲームと南海に引き離されていた大差を大逆転、西鉄は五年ぶりにリーグ優勝を果たす。南海とのデッド・ヒートの末に最終戦までもつれこみ、最後の対近鉄四連戦に全勝してのきわどい逆転優勝だった。西鉄が最後の光芒に輝いた年だった。

「何だ、オレの移籍でつかんだ優勝じゃないか」

と、豊田は皮肉ったが、中西は大喜びだった。監督就任二年目の快挙である。

稲尾は二十八勝十六敗で最多勝、奪三振王（226）に輝いたが、肩、ひじに違和感を覚えながらの「だましだまし」の投球術であげたもので、かつての迫力にはかげりが感じられ、防御率もさすがに2・54と前年を下回った。

そして再び巨人との日本シリーズである。巨人は川上が監督に就任し、三番王、四番長嶋のON時代が到来、五年前とはがらりと顔ぶれも変わり、その象徴が前年に続き本塁打王に輝いていた王貞治だった。

王を完全に抑えこんだ稲尾のピッチング

稲尾は王のフラミンゴ打法対策を練って臨んだ。やはり一本足だった先輩大下のひとこと「タイミングを外されるとなあ」をヒントに王のタイミングをどう外すか工夫をこらした。

この年の日本シリーズも最終第七戦までもつれた。稲尾は第一、三、六、七戦に先発した。第一戦は6安打1失点で完投、王を4打数無安打に抑え込んだ。

「あのシリーズ、王は12打数1安打と完璧に抑え込んだ。王のバッティングを観察していたら、ピッチャーが左足を上げると同時に右足をスーッと上げてタイミングを取っていた。ならばオレも左足を一度上げてからいっぺん下ろし、再び上げるようにして王のタイミングを外したんだ」

一方、王の感想は——。

「あの日本シリーズで初めて稲尾さんと対戦した。打てそうで打てなかった。逃げずに堂々と勝負してくる。稲尾さんみたいな両サイドにピシッと投げ分けが出来る正統派はもう出てこないかもしれないな」

稲尾の二日酔い？登板

一勝一敗で迎えた第三戦、稲尾は人に言えないような大ポカをやってしまう。一、二戦は平和台、第三戦は後楽園に舞台が移った。

この第三戦前夜の出来事について、稲尾の葬儀に参列した歌舞伎役者、中村鴈治郎（当時は扇雀、現坂田藤十郎）夫人の扇千景さんが意外な秘話を明かした。稲尾は夫妻と親交があり、とりわけ夫人（本名・林寛子）を「カンコ姉さん」と呼んで慕っていた。

たまたま博多公演から帰京する扇雀と東京に移動する稲尾は同じ飛行機に乗り合わせた。羽田に着くと雨。誘われるまま扇雀邸で飲み始めた。

「雨が激しかったので明日は試合中止と決め込んで、二人で朝方まで飲んでいました。ところが朝になると快晴。サイちゃんときたらあわてふためいて出かけていった。二日酔いのせいだったんでしょう。打たれました」

先発した稲尾は四回長嶋に2ランホーマーを浴び、さらに五回には巨人打線にメッタ打ちされてKO、敗戦投手になった。

このシリーズ、稲尾はきわめて不安定だった。四度の登板で完封するかと思えばメッタ打ちされ、結局二勝二敗という結果に終わっている。

巨人の広岡は稲尾の衰えを打席の中で実感したという。三十一年から三年連続して日本シリーズで稲尾と対戦してきた広岡からみれば、このシリーズの稲尾はもうかつての鉄腕ではなかった。

「球の切れ、スピードは以前と比較にならないほどなくなっていた。コントロールのよさだけで投げている感じだった。稲尾はどこか悪いんじゃないか、と思ったほどだ」

その広岡には11打数4安打、長嶋には10打数3安打と打ち込まれた。

ところが二勝三敗で迎えた第六戦、その稲尾は何と2安打完封、6―0と西鉄を快勝に導く。

「完封したときは不思議と肩やひじに痛みはなく、これで治ったと勘違いした。あれが間違いだった」

しかし、やはり広岡の目は確かだった。昭和三十三年のあの大逆転の「夢よ、もう一度」と中西監督は第七戦にも稲尾に連投させた。だが、稲尾は三回にメッタ打ちされ、シリーズ征覇の夢は消えた。

中西の錯覚、稲尾の勘違い

このリーグ優勝が西鉄、そして稲尾にもたらした後遺症は大きかった。

「あの優勝で球団も中西さんも錯覚した。優勝はフロックだったのに実力で勝ち取ったと思ってしまったんだ」

と後に稲尾は語っている。現実は三外国人選手に頼りきった打線、投手陣の柱・稲尾の肩の疲労、投打ともに崩壊寸前だった。

人間、成功体験はなかなか捨てきれない。中西は豊田という目の上のコブがいなくなり、しかも監督二年目にして優勝監督の冠もついた。この体験が西鉄と中西の悲劇の始まりだった。球団は補強を怠り、中西は天下をとったようにはしゃいだ。

しかし、錯覚したのは中西だけではなかった。稲尾もまた「肩が治った」と勘違いした。

その右肩がとうとうパンクした。箸も握れないほどの激痛に見舞われたかと思うと、鈍痛がいつまでも続いた。

「要するに右肩の骨と骨の間にある袋が擦り切れたんだ。クッション代わりの袋が破れて骨と骨が直接ぶつかり合う。痛いのなんの、とにかく右腕が上がらないんだ。あっ、俺は終わったのかなと思った」

稲尾は八年間、頂点に立ち続けてきた。驚異の連投に次ぐ連投は、プロ野球ファンにとっては大いなるロマンであり、働き蜂サラリーマンの活力源ですらあった。

翌三十九年、日本は高度成長の真っただ中にあった。新幹線開通、待望の東京オリンピックが待っていた。列島は活力と自信に満ち溢れ、人々の顔は明るかった。

しかし、稲尾の壊れた右肩は〝鉄腕伝説〟の終わりを告げ、弱冠二十六歳で投手定年である。稲尾は暗い顔でオリンピックのテレビ中継を観戦していた。

「今ならアメリカで手術という方法もあるだろうが、当時は肩にメスを入れるのはタブーだった。だから日本中の病院を行脚した。肩にいいと聞けばどんな山奥にでも行った。祈祷師、霊媒師にまで頼った。しかし袋が擦り切れているんだ。元通りになると思うのが間違っている。無理だった」

この年の登板わずか二試合、勝星なし。初めてといっていい二軍生活を経験した。しかし栄光から屈辱の世界に身を置いてみて、初めて見えたものもあった。

人々のエゴイズムと社会の容赦ない冷たさである。友人、知人がひとり、ふたりと離れていく。マスコミも「ただの人」には見向きもしなくなった。

「ふと後ろを振り返ると誰もいない。稲尾さん、稲尾さんと言っていた人間が潮が引くようにいなくなった。あの時の悔しさ、悲しさは忘れられないな」

恩師・三原のように「人の誠意や情は風と同じですぐに変わる」と達観していれば心の動揺は抑えられたかもしれない。しかし二十六歳の若者にはまだそれを受けとめられる哲学も人生経験もなかったろう。

激痛に耐えながら別府でひそかに再起をはかる

鉄製ボールで再起にかける

やがて監督・中西との関係もおかしくなってきた。

選手同士なら共通体験、共通の価値観で結ばれているが、監督と選手に立場が変われば、微妙な利害のすれ違いが生じる。監督・中西から見る稲尾はもう仲間ではなかったようだ。しかし稲尾にしてみれば、中西はいつまでも苦楽を共にした先輩であり、仲間だった。

「何でいまでも若手を引き連れて飲み歩くんだ。いつまでもあると思うな親と栄光だ」などと痛烈に稲尾批判をするコーチもいた。

稲尾の挫折は、それまで栄光とは無縁だった一部のベテランやコーチには溜飲の下がる思いだったのかもしれない。批判は一の矢だけでなく二の矢、三の矢も飛んできた。

いわく「練習嫌いのツケが回ってきたんだ」「三原さんが甘やかし過ぎた」「高給取りになって

アパート建てたりするからだ」――。

「政治家は選挙に落ちればただの人と言うよなあ。それと同じでプロ野球選手も試合に出なければただの人なんだ。そんな当たり前のことが分からなかった自分の不甲斐なさを痛感したな」

治る見込みのない右肩、内外からもれ聞こえてくる非難。さすがに生来の楽天主義者もこたえたようだ。

電気治療や針治療を受けると、一時的に肩の痛みは消える。だが治ったと思って投げてみると再び激痛に襲われ病院にUターンという生活を繰り返した。これまで経験したことのない不安から逃れるように稲尾は熊本・杖立温泉に山ごもりする。

「握り飯を持って山に登り、そこで自問自答を繰り返した。『もう充分やったじゃないか。引退してもいいぞ』『いや、まだやれるはずだ』と心の中で強気の虫と弱気の虫が格闘する。そんな毎日だった」

一ヵ月の山ごもりで稲尾はやっと弱気の虫を封じることに成功した。

「痛みには慣れるしかない、批判をはね返すにはマウンドで実証するしかない、そう決心した」

福岡に戻った稲尾は思いきった荒療治に取り組み始める。知人経営の鉄工所に頼んで鉄のボールを作ってもらった。一キロもある鉄製ボールを一〇メートル先から投げ、少しずつ距離を伸ばしていくのである。鉄製ボールの特訓の相手をしたのは次兄の貞幸だった。

「ありゃ痛かったろう。一球投げるごとにカズの目から涙が出ていた。大丈夫か、大丈夫か、と声をかけたが、その度に大丈夫だという声が返ってきた。小さいときから絶対、泣き言や愚痴を言わない弟だった。それを知っているだけに、私も涙、涙だった」

骨液袋というクッションを失くして骨と骨がモロにぶつかる。

「投げると痛みが脳天を突き抜けた」が、とうとう稲尾はこの痛みを一生の友とすることに成功する。

「鉄腕」との決別

翌四十年六月五日の東映戦で実に稲尾は一年半ぶりの勝利をあげる。五回8安打5失点と内容は寂しい限りだったが、ともかく再起は果たした。

打線に助けられた勝利を、稲尾は日記にこう綴っている。

「ひとつ勝つことがこれほど難しいとは知らなかった。ナインに感謝、感謝である」（昭和四十年六月八日）

このシーズン、三十八試合に登板して十三勝六敗、四十一年には五十四試合に登板、十一勝十敗ながら防御率1・79で最後の防御率第一位のタイトルを手にした。

グラブに「忍」と書き込み、「最後までネバーギブアップ」を心の中で何千回も繰り返しての再起だった。

「それまで何も言わなかった女房が泣いて喜んでくれた。ああ俺は女房にこれほど心配をかけていたんだと思い、再起は決して自分ひとりの力じゃないことも知らされた」

挫折して世間の冷たさを知ったが、同時に夫人や家族の温かさもわかったということだろう。

稲尾の右腕はその後も耳のところまでしか上がらなかった。頭部に痛みが走ると、頭を右手の高さまで大きく下げてやり過ごした。その滑稽な姿を見て周囲は苦笑した。

過去の栄光――「鉄腕」「神様、仏様」とどう決別するか。しかし、プライドがなかなか許さない。その狭間で苦しみ、もがく稲尾の姿をかつての好敵手たちは複雑な思いで見つめていた。野村克也もそのひとりだった。

「仕方ないことかもしれないが、球威はめっきり落ちた。稲尾にはこれまでカモにされてきたが、いまは逆だな」

稲尾の外角攻めに苦もなくひねられていた野村が、そのスライダーを軽々と右中間に運ぶようになった。ならば「シュート勝負」と投げたインコースはバットの芯でとらえられ、左翼スタンドに叩き込まれる。

野村はそんな稲尾に容赦なく痛打を浴びせた。いまでも不思議なのは、稲尾の野村に対する配球である。野村がインコースを怖がって腰を引く癖があるのに、稲尾はその内角を攻めなかった。これまでの投球パターンに最後までこだわり続けた。

「野村さんはインコースは怖がって腰を引くんだ。稲尾さんに内角を厳しく攻めれば打たれませんよって言うんだけど、全盛時のように正々堂々、真っ向勝負を変えなかった。若いピッチャーはインハイを衝いて脅し、外で勝負して成功する。稲尾さんに『配球を変えて徹底的にインコースを攻めましょう』と何度進言してもいつもNOだった」

稲尾の女房役だった宮寺勝利は不思議そうに首を傾げていた。インコース攻めを否定し続けた心境について生前の稲尾は多くを語らなかった。

その頃から打者の胸元や頭部付近に投げて相手を脅す〝けんか投法〟が増え始める。稲尾の後輩、池永正明などは野村の内角を攻め続けた。初球から内角の際どいコースをどんどん攻める。「いい加減にせんかい」と怒る野村にひるむことなくまた胸元を攻める。激怒した野村がバットを持って、マウンドの池永に詰め寄るシーンも何度かあった。

「投手の品格」

しかし、稲尾の人生観や野球観に「打者を脅して打ち取る」はなかった。「正々堂々と勝負」が彼の投手美学であり、「投手の品格」だった。打たれても打たれても野村への攻めを変えなかったのは流行り始めたけんか投法への批評でもあったのかもしれない。

稲尾の死後、多くのライバルたちが「稲尾はどんな場合でも決して汚い球を投げなかった」とその投手美学を称えて、惜しんだ。

しかし、悲しいかな、今や球威がない。かつての投球パターンはもう通用しなくなっていた。

「若手にも打たれるようになった。全盛時の俺を知らない若い選手が『稲尾がなんだ』とばかりに向かってくる。その捨て身が怖かったよ。ひそかに引退を決意したのは野村さんに打たれるようになったからだな。あれだけ抑えていた打者にいとも簡単に打たれだした。もう俺も終わりかなってな……」

稲尾の投球の基本は横の変化である。ストレートにスライダーとシュート、この三つの球を絶妙のコントロールで左右に投げ分ける。しかし、如何せん、球威が落ちればコントロールだけでは抑えきれない。

稲尾は投球の幅を広げようと、フォーク、カーブのマスターに懸命になった。横の変化に加え縦の変化を織り交ぜて技巧派への転身をはかろうというのである。

試合前のブルペン。若手捕手を座らせて稲尾が投げると、よくこんな声がもれてきた。

「稲尾さん、いまの球は何ですか?」

「バカ! フォークじゃないか」

「えッ、落ちませんよ」

今度はカーブを投げる。

「稲尾さん、曲がりませんよ」

さすがの稲尾も苦笑するしかなかった。ひとつの球を完全にマスターし、武器とするには最低五年はかかると言われる。しかし稲尾に与えられた時間はもうあまりなかった。

「いいじゃないか稲尾、お前らしく最後までお前の美学を貫くことだ。ごまかしは似合わないぞ」

そう忠告したのは、やはり豊田だった。

ジャンボ尾崎の発見

プロゴルファーのジャンボこと尾崎将司は、稲尾との出会いがなければゴルフ界の門を叩くことはなかったかもしれない。

尾崎は昭和四十年、徳島海南高校から西鉄入りした。甲子園はセンバツ大会の優勝投手。西鉄は当時としては破格の三千万円で契約した。

入団二年目からバッターに転向する。変化球への対応はいまひとつだったが、ストレートに滅法強く、打球の速さと飛距離はズバ抜けていた。西鉄は「将来、チームを背負って立つ打者」と期待した。

尾崎のゴルフとの出会いは翌四十一年一月、尾崎に将来性を感じた稲尾が別府での自主トレに同行させたとき。

「俺は三勤一休、尾崎は休日なしの練習メニューを組んだ。俺の休日は近くのゴルフ場だった。しかし、尾崎ひとりでトレーニングというのも可哀相だと思ってキャディとして連れて行ったんだ。そうこうするうちに尾崎は『ゴルフって面白いですね』と、俺のバッグからドライバーを抜き出しては気持ちよさそうに振る。『バカ！　お前にゴルフは十年早い』なんて言ってたんだが、そのオフ、納会の選手ゴルフ大会でいきなり優勝した。みんなびっくりだった」

当時の尾崎は裕福だった。契約金三千万円のうち二千万円は両親へ、残り一千万円を預金した。ゴルフ資金は潤沢だったから、預金をおろしてはゴルフ場に通い始めた。

それを知った球団は尾崎にゴルフ禁止令を出したが、尾崎はゴルフの魅力にとりつかれてしまったようだった。

「試合や練習が終わっても我々は寮で夜間練習していた。みんな必死にバットを振っているのに尾崎はドライバーの素振りだ。誰もゴルフなんて知らないから、オイ、何を振ってるんだ。マジメにやれよって注意するんだけど、尾崎はニヤニヤ笑っているだけなんだ。尾崎はユニフォームは野球でも心はゴルフだったなあ」

尾崎と同期入団、寮でも生活を共にしていた基満男（元西鉄、大洋）の話である。

「尾崎から何度も相談を受けていた。まずいなあ、とは思ったが彼の決心は固かった。まだ二十歳の若者の将来がかかっているんだ。野球への情熱を失っている以上、尾崎の夢を実現させてやりたかった」

そう思った稲尾は尾崎を知人の九州ゴルフ界の重鎮に預けた。

「中学時代から野球がイヤでイヤで仕方なかった。好きなプロゴルファーでやっていきたい」

入団三年目の暮れ、ついに尾崎は退団を申し出た。

フロントと中西監督らチーム首脳陣は、尾崎のこの突然の申し入れに怒り、慌てた。大金を投じた金の卵である。そんな身勝手を認めれば組織としてしめしがつかない。他球団にも波及する恐れなしとしない。「認められない」と態度を硬化させた。

さらに球団は「尾崎の後ろに稲尾あり」と判断し、稲尾へのペナルティーまで考えた。面倒見のいい稲尾らしい判断だが、球団や中西にはとうてい理解できず、怒りと不信をかった。

当時の国広直俊球団社長は大の中西びいき、稲尾嫌いで通っていたが、この一件での稲尾嫌いにますます拍車がかかった。

「チームの将来や首脳陣のことも考えず、選手サイドに立って行動する。稲尾は幹部選手という自分の立場が分かっていない」

国広の激しい稲尾批判は、中西や首脳陣の代弁でもあった。

すったもんだの末、結局尾崎は昭和四十二年暮れに退団した。尾崎がバットをドライバーに持ち替えて夢に向かって邁進を始めたころ、稲尾は球団から年俸二五％ダウンの重いペナルティーを科された。

尾崎がその後、ジャンボのニックネームでゴルフ界に新風を吹き込み、ゴルフ界の救世主となっていったのはご承知の通り。

「俺なんかゴルフ界じゃ大きな顔してるけど、野球界ではヒヨコもヒヨコ。稲尾さんに足向けて眠れなかった。俺にとって稲尾さんは生涯、『神様、仏様』だよ」

稲尾に会えば、直立不動、深々と頭を下げることを忘れないジャンボだった。

ふたりには天才しか持ち得ない共通点がある。それは繊細なセンサーのような指先の感覚、感性だ。稲尾はそれを「コントロールは指先の記憶力」と言い、尾崎は「指先にも脳がある」と表現した。

「鉄腕」の残り火

昭和四十一年の防御率一位（1・79）は「鉄腕」最後の残り火だった。最後の二年間は稲尾の言うように「お釣りの人生」だったかもしれない。

昭和四十年	登板三十八試合	十三勝六敗	防御率2・38
昭和四十一年	登板五十四試合	十一勝十敗	防御率1・79

昭和四十二年　登板四十六試合　八勝九敗　防御率2・65
昭和四十三年　登板五十六試合　九勝十一敗　防御率2・77
昭和四十四年　登板三十二試合　一勝七敗　防御率2・78

再起して五シーズン、稲尾は四十二勝しか出来なかった。昭和三十六年には一シーズンでこの五年分の勝ち星をあげている。

肩を壊してからの稲尾は冷静に自己分析していた。

「いまのオレは六十球までなら自信があるんだ。しかしこれを過ぎると極端に球威が落ちる。だから六十球を想定してピッチングを組み立てるしかない」

1イニングに投げる球は少なくて15球、多くて20球である。稲尾は3イニングス投げきることを目標にそれを心の拠りどころにした。実際、この限度を超えると得意のスライダーが切れなくなる。ストレートがお辞儀する。ベンチはいつも二番手を用意しなければならない。

もし、いまのように先発、中継ぎ、抑えという分業制が確立されていたら、稲尾の投手寿命はもう少し延びていただろう。しかし、稲尾の時代が求めていたのは先発・完投だった。

ついに稲尾引退

昭和四十四年、稲尾三十二歳、ついに引退の時がやってきた。

引退の直接の原因は事故による大ケガだった。前年九勝十一敗に終わった稲尾はこのシーズン、すこぶる好調だった。キャンプを順調にこなしオープン戦へ。

事故は大阪遠征中に起こった。門限破りの常習犯?だった稲尾は未明、宿舎の塀を乗り越えて帰館のはずだったが、アルコールのせいで身体は思うように動かず、三メートルの高さの塀から落ちてしまった。

秘かに福岡の病院に担ぎ込まれた。稲尾に肩を貸していたのは捕手の宮寺勝利だった。「大丈夫、大したことない」という稲尾だったが、その顔は苦痛にゆがんでいた。腰の骨に亀裂が入って全治四ヵ月、投手生命は完全に絶たれた。

夜遊びの報い?で稲尾は手痛い罰を受けたが、実は水面下では稲尾の放出が画策されていた。稲尾嫌いの国広社長と中西が描いたシナリオのトレード先は広島カープ。実現寸前まで運んでいた。「待った」をかけたのはフロントの藤本哲男だった。

「稲尾は球界の宝です。西鉄ライオンズの顔です。稲尾をトレードに出すことは西鉄が死ぬということです」

藤本は胸に辞表をしのばせて抗議した。この強い説得に国広が折れて、このトレードは幻に終わったが、もちろん稲尾は知らない。晩年、その事実を知って「へえーッ、そういうことだったのか。何となく分かる気がするなあ」ともらしていた。

このシーズン、故障も癒えて稲尾が一軍に合流できたのはオールスター戦の後だった。中西監督の稲尾起用は何とも不自然で冷酷にみえた。敗戦処理投手。大差のついた負け試合に稲尾は登板させられた。かつての栄光が輝けば輝くほど、この落差は大きい。

この稲尾起用を巡っていろんな憶測が乱れ飛んだ。

「中西は稲尾のイメージダウンを狙っている」

「次期監督の噂のある稲尾の存在がうとましいのだろう。中西の嫉妬だ」

真偽のほどはわからない。しかし、水面下の稲尾放出の動きと照らし合わせるとまんざら根も葉もない噂ではなかったのかもしれない。

稲尾には屈辱的な起用だったが、こんな投手起用は今でも日常的に見ることができる、これがプロの世界、「実力なき者は去れ」である。

しかし、不平不満や愚痴は胸奥にしまいこんで稲尾は黙々と登板した。この年の登板はわずか八試合で一勝七敗。七月の阪急戦に先発し、七回5安打1失点で勝利投手となったのが、最後の白星になった。

稲尾は当時の日記にこう書き残している。

「力を失くして荒れていた先輩たちの気持ちがよくわかる。いまは一に忍、二に忍、三にも忍である」と。

しかし、平和台のファンから浴びせられる「稲尾、引っ込め」というヤジはさすがにこたえた。ロッカーでひとり悔し涙を流す稲尾の姿が目撃されることもあった。

この年のオフ、球界を揺るがす〝黒い霧事件〟が発生、中西監督が辞任、皮肉にもトレード話さえあった稲尾に監督のお鉢がまわってくる。

そのあおりであろうか、不世出のこの大投手は引退試合もないままマウンドから降りることになる。

稲尾通算十四年間の投手生活の総決算は——
▽登板756試合　▽投球回数3599　▽276勝（うち完投179、完封43）137敗39分
▽奪三振2574　▽勝率0・668　▽防御率1・98
中でも特筆すべきは十四年通算の暴投わずか十二であろう。いかに制球力が並み外れて優れていたか、この数字がよく物語っている。

タイトルやリーグ記録は数えきれぬほどだが、日本記録だけをあげておくと——
▽シーズン最多勝四十二勝▽シーズン最多登板七十八試合▽最多連勝二十連勝（同一シーズ内単独日本記録）▽最優秀防御率記録回数五回▽ベストナイン（投手）五回

第八章　黒い霧事件

中西辞任、稲尾監督の誕生

「球界に八百長が流行っている」――そんな噂が稲尾の耳にも入ってくるようになっていた。

稲尾はふと自分に振りかかった妙な体験を思い起こしていた。

「入団五年目のあたりだった。大阪の宿舎の近くを散歩していたら、子供連れの労働者風の中年男性から声をかけられたことがあった」

その男はいきなり土下座して「稲尾さん、家族の命がかかっています。今度の南海戦は負けてください」と懇願した。

「そんなこと出来るはずないじゃないですか」と突っぱねると、男は手を合わせて拝み倒す。

「あわてて逃げたけど、あれは何だったのか、そのときは分からなかったが、噂を聞いて妙にその時のことが思い出されたよ」

野球賭博はすでにその頃には始まり、ひそかに選手たちの身辺に黒い手が忍び寄っていたのだろうか。

辞任する中西監督がどこまでの情報をつかんでいたか分からない。しかし、福岡市内の自宅売却とか、監督に「情熱を失った」と不規則発言が目立つようになっていた。

稲尾が秘かに引退の決意を固めていたときだった。突然、降って沸いたように西鉄監督就任の話が持ち込まれてきた。

将来は西鉄の指導者に、というロードは敷かれていたのかも知れないが、当時の稲尾はまだ三十二歳。リーダーとしての経験も浅く、周囲はともかく本人は全く考えてもいなかった。

「将来は監督だから今のうちにしっかり勉強しておけ、と周囲からは言われていた。しかし、監督になるにはいっぺん外へ出て野球を見ることも必要だし、コーチを経てからでも遅くはないと自分なりに考えていたんだけどなあ……」

稲尾の人生プログラムが突然書き替えられたのは、チーム内に漂っていた〝黒い霧〟の噂と中西監督の突然の辞任だった。

「変な噂のあるチームの監督なんてやってられない」と、中西は福岡市内の自宅をさっさと処分し、東京に引っ越してしまった。

球団は後任監督の人選を迫られたが、八百長の噂のあるチームでは外部からの招聘は難しい。刀折れ、矢尽きた西鉄本社と球団の苦渋の決断が監督・稲尾だった。

稲尾新監督と楠根オーナー

しかし、ここで「NO」と言えないのが稲尾の長所でもあり、欠点でもあった。

楠根宗雄オーナーから「球団のピンチを救うのはお前しかいない」と頼まれると、西鉄で育てられた稲尾としては「逃げるわけにはいかなかった」。

とは言え、弱体化したうえに不協和音ただようチーム、加えてくすぶり続ける八百長の噂。新監督は「火中の栗を拾うことになる」と友人たちが心配したとおりになった。

果たして火中に栗はあるのか。重くて大きい荷物だけを背負わされて昭和四十四年十月、稲尾は監督就任を決意する。投手兼任を要請されたが、稲尾の答はNOだった。球団は監督の契約料一千五百万円を提示、しかし稲尾は「いりません。年俸だけで結構です」とこれも断った。

稲尾嫌いの国広球団社長は、稲尾が契約料に異を唱える思っていたようで、この「NO」は意外だったようだ。

「契約金提示に『いま球団の財政は苦しいと聞いています。ですから契約金はいただくわけにはいきません』と稲尾は言うんだ。稲尾はケチだと周囲から散々聞かされていたから意外だったなあ。つまらん中傷を信じた自分が恥ずかしかったよ」

稲尾の本心に触れて国広は感激した。

しかし、稲尾には「黒い霧に続く球団の身売り……。嫌なことばかり続き、いいことはひとつもなかった」という監督人生が待っていた。引退儀式も監督就任のセレモニーもない黒と灰色の霧に包まれた監督の門出となった。

〝黒い霧事件〟の発生

西鉄に永易将之という投手がいた。東映から移籍二年目の昭和四十四年のシーズン直後あたりから、不審な言動が目立つようになった。

「重松さん（投手コーチ）、いま僕、絶好調です。完封も自信あります。投げさせて下さい」と売り込んでくる。人のいい重松はすっかり信じて先発させる。ところが三回までは言葉通り絶好調なのに四回になると突然四球を連発、痛打を浴びて大量点を与えてしまう。

「この前はすみません。でも今度は大丈夫。絶好調ですから」とまたもや売りこむ。しかし、やはり四球絡みで崩れていく。度重なる裏切りに重松はカンカンだった。

「お前の『絶好調』にはもうだまされん。口にバンソウコウでも貼ってろ」

四球を連発して崩れる。永易が仕組んだ八百長試合のパターンだった。

永易の不審な動きに最初に気づいたのはG・ボレスという近鉄から移籍した外国人選手だった。

「ヤスがおかしなことをしている」と球団に報告したのが発端だった。

十月、球団は内部調査で永易を「黒」と判断、すぐ二軍に降格させ、シーズン後に解雇というシナリオを描いた。

ところが噂を聞きつけた在京紙の記者が国広球団社長に疑惑について直接質した。稲尾の監督就任直前だった。

「社長、西鉄にどうも妙な噂があるようですが」という記者の問いに、国広は正直に答えた。

「実は内部調査でわかったが、永易が八百長に関与しているようだ。永易は二軍に落とした。パリーグ関係者とも話し合って球界の浄化に努めるつもりだ。永易はシーズン後、解雇する」

国広はこの記者に疑惑をあっさり認めた。新聞には「西鉄、八百長」の大見出しが躍り、前代未聞の社会問題に発展、蜂の巣をつついたような騒ぎとなった。

球界永久追放になった永易は後に八百長の舞台裏をこう告白している。

「投手がわざと打たれるのは難しい。打ちやすいボールを投げても打者が必ず打つとは限らない。そこで四球を連発して打ちやすい球を投げる。この方法しかなかった」

当時、稲尾はブルペンから永易の投球を見ているが、永易の演技には全く気がつかなかった。

「そう言えば」という後付けで「マウンドで異常なくらいオドオドしていた。しかしもともと気が小さい男、オドオドはそこからくるもんだと思っていた」という。

パ・リーグ選手会長でもあった稲尾も直接、永易を問詰めたが、今ひとつはっきりしない。そのうち彼とは連絡がとれなくなってしまった。

記者たちも永易を追ったが、すでに姿をくらました後で、永易の自宅マンションには新婚一週間の新妻がひとり留守を守っているだけだった。連日のように自宅に押しかける報道陣に「私は主人を信じています」と泣きじゃくる新妻のエプロン姿が哀れだった。

火種は残ったままだった

コミッショナーはただちに永易を球界からの永久追放処分とし、これで一件落着かと思われたが、火種はくすぶり続け、やがて大火になる。

水面下では西鉄本社・稲尾と永易のすさまじい駆け引きが続いていた。永易の背後には藤縄という人物が控えていた。この藤縄こそ野球賭博の胴元であり、球界に八百長を仕掛けた黒幕である。

永易と藤縄は西鉄本社をゆすり、稲尾にも脅しをかけてきた。

「監督に就任してすぐだった。藤縄と名乗る人物が自宅にきた。用件を聞くと中日を首になった田中勉投手を西鉄へ入れてくれという。断ると『永易以外にも八百長に手を染めた選手がいる。名前を公表されたくなかったら金を寄こせ』とくる。この要求は翌年三月ごろまでしつこく続いた。しかし一切、耳を貸さなかった」

ところが、西鉄本社はこの脅しに屈して永易に「口止め料」として二百万円を渡してしまった。「西鉄組みしやすし」と見た永易と藤縄は、その後も再三、西鉄に金銭を要求してきた。しかし、稲尾の強い申し入れで西鉄の役員会は「要求に応じない」と決め、以後それを守った。

稲尾と本社の固いガードに永易と藤縄は最後のカードを切った。四月、永易は某週刊誌に「西鉄から口止め料をもらった。他の選手も八百長に関連している」と暴露、さらに会見で「三試合で八百長をやった」と明かし、田中勉投手を含む七人の選手名をあげた。田中投手以外はすべて西鉄の選手、田中も西鉄で活躍した後、中日に移籍した選手だった。

続いて今度は藤縄が「西鉄のY、M投手に八百長を頼んだ」と週刊誌に暴露した。

ここに及んでコミッショナーはついに重い腰を上げ、調査委員会を立ち上げて、まず西鉄球団から事情聴取、西鉄もすぐに疑惑を持たれている選手を独自に調査、本人からも事情聴取して五月九日、コミッショナーに供述書を提出した。

コミッショナーの裁定は池永正明、Y、Mの三投手を永久追放、野手のF、Mを一年間の出場停止、もうひとりの野手に三ヵ月の出場停止処分を下した。

西鉄では楠根オーナー、国広球団社長、藤本球団常務が責任をとって辞任した。

これが西鉄をすっぽりと包んだ〝黒い霧〟のほぼ全容である。「ほぼ」と留保つきで書かざるを得ないのは、実は少々事情があるからだ。

西鉄の六選手に対する事情聴取は変わっていた。徹底した緘口令が敷かれ、何と事情聴取は某病院の霊安室で行われた。午後四時から深夜二時まで、聴取する方もされるほうも、あまり気持ちいいものではなかったろう。

聴取したのは稲尾とフロントから藤本常務、荻孝雄営業部長。ここで選手たちから聴取した話を基に供述書をコミッショナーに提出したのだが、長時間の聴取で明らかになったはずの真相は結局公開されなかった。

「黒い霧事件の真相は墓場に持っていく」と藤本は黙して語らず、稲尾もまたあの世に持っていってしまった。唯一の生き証人の荻もまた「藤本さんも稲尾も鬼籍に入った。私も黒い霧事件は墓場まで持っていく」とこれまた黙して語らないのである。

土壌は西鉄にもあった

しかし、なぜ西鉄に〝黒い霧〟が発生したのだろうか。もともと野球賭博の震源地は関西といわれ、八百長試合は関西の球団からの移籍選手が持ち込んできたといわれている。

だが振り返ってみると、西鉄には八百長を受け入れる土壌がチーム内にあったのではないか、と稲尾ら一部のOBは反省している。

中西監督時代のことだが、一部週刊誌に「飲む打つ買うの西鉄キャンプ」と報じられたことがある。野武士軍団を強調するための報道という側面はあったが、事実、昭和四十年代の初め頃のチームはかなり風紀が乱れていた。

首脳陣はミーティングと称し、宿舎の秘密部屋でマージャンや飲酒に明け暮れていた。賭けマージャンのレートも高く、騙《だま》しあり、インチキあり。まるで賭場のような雰囲気だったという。範をたれるべき首脳陣の風紀の乱れは当然、選手たちにも感染していた。

「われわれの若いころは、先輩たちから『グラウンドは戦場だ。死ぬ気でプレーしろ、その代わり後は何をやっても構わん』と教えられた。当時は三原さんという怖い大人の監督がいた。選手たちもそのことをよく理解しており、遊びもプレーにプラスにしていく能力があった。よく遊び、よく戦うという西鉄の伝統が曲解され、勘違いも生じていたかもしれん」

と稲尾は語っている。

東京で西鉄の〝黒い霧事件〟を知った豊田は手厳しかった。

「新聞を読んで涙が止まらなかった。先輩やオレたちが築いた栄光のチームはどこに行ったんだ、と思うと悔しいやら情けないやら。中西に諫言するフロントもいなければコーチもいなかったんだろう。オレは途中で嫌気がさして去ったが、黒い霧事件を知って改めて『ああ、オレはやっぱり西鉄なんだ、西鉄が心のふるさとなんだ』って思った」

豊田はすぐに稲尾に手紙を書いた。中西政権時代のツケを背負って苦悩する稲尾への激励だった。

「トヨさんから分厚い封筒の手紙が来たんだ。あれは確か昭和四十五年の開幕戦、オレの監督デビューの日だった。『お前だけに苦労かけて申し訳ない』という書き出しから巻紙に墨で書いた長い手紙だった。ところどころ字がにじんでいる。ああ、トヨさんの涙で字がにじんでいるんだと、すぐに分かった。正直言って西鉄を捨てた人、と少し距離を置いていたが、この長文の手紙を読んで本当のトヨさんの心に触れた思いがした。トヨさんは中西さんに毒づき、途中で袂《たもと》を分かったが、西鉄への思いと後輩のオレに対する配慮に涙が止まらなかったよ」

しかし稲尾に感傷にふける暇はなかった。「黒い霧」の波紋はさらに大きく広がっていく。

黒い霧の後遺症

「名前だけは伏せて欲しい。大きくなった息子はオレの過去を知らない。息子にだけは知られたくないから」

球界から永久追放されたY投手に四年前に会った。彼は福岡市内でタクシードライバーとして第二の人生を歩いていた。

彼の息子は当時五歳、渦中の父親は連日、取材攻勢を受けていた。そんなある日、自宅に取材陣が押しかけ、父に向けて容赦なくカメラのフラッシュがたかれる。息子はフラッシュにおびえる父の前に仁王立ちになり、カメラマンをにらみつけて必死に叫んだ。

「ぼくのパパをいじめるな！」

五歳の子供の気迫と父を思う健気さに胸を打たれ、シャッター音が止んだ。

彼は腹の底から絞りだすようにして、いまの心境を語ってくれた。

「当時、一般の人の千円がわれわれの一万円だった。そんな生活だから金銭感覚がマヒしていたんだ。お世話になった稲尾さんが監督になり、『稲尾さんのために何としても頑張ろう』という気持ちになった矢先だった。恩返しどころか西鉄にも、稲尾さんにも迷惑をかけてしまった」

平成十九年になって「永久追放」された選手たちにコミッショナーからやっと遅すぎる温情裁決が下った。「充分すぎるほど社会的制裁を受けた。永久追放をはずし球界復帰を認める」という、今さらという内容だった。

しかしY元投手はコミッショナーの温情に甘えなかった。彼は今後も「永久追放」の十字架を背負って生きていくつもりである。

同じく追放されたM投手の最近の消息はない。Mは巨人から移籍した左腕投手で池永、Yと並ぶ主戦投手だった。人柄は温厚そのもので誰からも「仏のMさん」と呼ばれていた。彼が八百長に加担したとは信じられず、自宅を訪ねたことがある。

「目の前にデンと五百万円の現ナマを積まれ『一度だけでいい。一度だけわざと打たれてくれ』と、土下座して頼まれたらお前ならどうする？　さあ答えろ。断われるか！」

鋭い目つきで怒鳴りながら、私に迫るその顔はもう「仏のMさん」ではなかった。

YとMには共通点があった。気が弱くお人よし。藤縄や永易にそこを突かれた。しかし彼らのスポーツマンとしてのモラルの欠如がもたらした結果はとてつもなく大きい。

営々として築いてきた西鉄の栄光の歴史は、黒い霧の発覚によって泥にまみれた。輝ける栄光に彩られた稲尾が、そんな泥まみれのチームを率いていく巡り合わせになった。

痛恨の池永追放

稲尾の葬儀の日、棺をかつぐ西鉄OBの中に池永の姿もあった。池永の顔は涙に濡れていた。池永にとって稲尾の存在は大きかった。池永についてまわる「永久追放」の烙印を消そうと奔走し、球界復帰の道を開いてくれたのも稲尾である。

池永は肩の故障から球威の衰えた稲尾のあとを埋めるように昭和四十年に西鉄に入団してきた。下関商高時代には春の甲子園の優勝投手、ルーキーでいきなり二十勝をあげ、五年余で百三勝、稲尾にかわるエースとして期待されていた。

「監督時代、もう少し池永の話を聞いてやっていれば彼の無実を証明できたかもしれない。可哀想なことをした。復帰運動はオレの罪滅ぼしだと思っているんだ」

八百長事件が発覚したとき、池永は一貫して「無実」を主張した。しかし田中勉（当時、中日）から百万円もらって八百長を依頼された事実が判明した。「金は預ったが、八百長はやっていない」という池永の弁明は通るはずもなく、加えてコミッショナーの事情聴取に対して見せた彼のふてぶてしい態度が心証を害したようだ。

池永にとって「永久追放」は予想外だったようで、その通報を受けて「大好きな野球が出来なくなった」と泣きじゃくった。まだ二十三歳の若者だった。

池永は田中勉を崇拝していた。その先輩からの依頼である。一応、金は預かったもののすぐに返し、指定された試合には肩の異常を理由に登板もしていない。これが池永の言い分だった。

その池永はやっと球界復帰を果たし、稲尾率いるマスターズリーグの博多ドンタクズの投手としてマウンドに立ち、稲尾亡きあと、その監督に就任した。

稲尾と池永。このふたりの関係は微妙で、もろく壊れやすかった。稲尾が肩を壊して不遇をかこっていたときに池永は世に出た。しかし池永が勝ち星を積み重ねても、どんなに頑張っても常に稲尾と比較された。越えたくとも越えられない。

ふたりの育った時代も違う。池永は稲尾より十歳も若い。戦前の価値観をになう稲尾と、戦後の価値観を背負って走る団塊世代の池永とでは人生観や世界観も違って当然だった。

ことあるごとに池永は稲尾に反発した。それは稲尾コンプレックスの裏返しだったかもしれない。

しかし稲尾は「やり残した仕事」として池永の球界復帰に奔走し、そしてやり遂げた。稲尾葬儀の日の池永の涙は複雑だったに違いない。

低迷続くライオンズ

稲尾新監督は、永久追放の主力三投手、三野手を謹慎処分で欠くボロボロのチームを率いて戦っていかなければならなかった。他球団とは一軍と二軍ほどの力の差があった。

予想通り、昭和四十五年の西鉄は首位と34ゲームという大差のついたドン尻でシーズンを終えた。大阪・日生球場での近鉄戦では「それでもプロか！」「八百長チーム！」という近鉄ファンのヤジが飛んだ。怒った西鉄ファンと近鉄ファンが殴り合いを演じることもしばしばだった。

試合後、照明が落ちて暗くなったベンチで、稲尾が月に向かってひとりブツブツと言っているのが聞こえた。聞き耳を立ててると「なんであそこでストライクを投げるんだろう？　なんでボールから入っていかないのかなあ」と嘆いている。

稲尾の疑問は若手投手の制球力に向けられていた。ボール一個の出し入れで勝負してきた稲尾にとって、若手の投球テクニックは信じられなかったらしい。監督・稲尾にはまだ鉄腕・稲尾が同居していた。しかし若手投手に稲尾の指導は高度過ぎた。得意の「逆算のピッチング」や打者への「読み」を説いても、それだけの制球力がなければ、馬の耳に念仏だ。

これには稲尾の先輩、河村投手コーチも困り果てた。

「そりゃ無理なんだよ。稲尾にしか出来ない技術なんだ。だから神様、仏様だったんだ」

河村は翌四十六年、投手コーチに迎えられた。この人事に稲尾はなかなか首を縦には振らなかった。フロントの古賀稲穂常務が強権発動した人事だった。

稲尾が渋ったのには訳がある。「鳴かぬなら殺してしまえホトトギス」――これが河村だった。何しろ三原監督に逆らって三年間、ひとことも口をきかなかった頑固一徹な男である。その強烈な個性は豊田と双璧だった。それだけではない。河村は稲尾にとって高校の四年先輩、煙たくてむせるほどの存在だった。

河村の教え方は稲尾とは対照的だった。高度なことは教えない。「打者にぶつけるような気持ちで投げろ」と物騒な〝ケンカ投法〟を奨励した。

東尾には打者の胸元をえぐるシュートを教えこんだ。東尾はこれを武器に投球の幅を広げ、一流投手の仲間入りを果たした。「ぶつけるなんて、そんな……」と逆らう投手に河村は容赦なく投手失格の烙印を押した。

現役時代は「フルハウスの河村」とも呼ばれていた。カウントはいつも2―3だから。制球力に自信のない河村が生き残る手段として編み出したのが〝ケンカ投法〟だった。

河村はなかなかの策士で、平和台球場の対戦相手のブルペンに工作もした。実際のホームベースまでの距離よりも一メートルも短いマウンドを秘かに作らせ、相手投手の投球感覚を乱そうとしたが、他球団の投手たちに見抜かれ、阪急の上田利治監督から猛烈な抗議を受けた。

稲尾にはそんな手練手管や権謀術数は全く欠けていた。その意味であえて稲尾の補佐役に河村を起用したフロントの判断は、正しかったかもしれない。

正統派の稲尾は河村のそんな指導を嫌ったが、河村は在任中、泥を一身にかぶり稲尾を支え、かばい続けた。

「結局、俺のために一生懸命尽くしてくれた先輩だったなあ」

二年目の西鉄はさらに成績を落とし、三十八勝しかできず、首位とは何と43・5ゲームという大差がついた六位だった。もう往年の西鉄ではなかった。

稲尾の鉄拳制裁

黒い霧事件で弱体化したチームを強化したい――稲尾がヘッドコーチに迎えたのは関口である。稲尾をルーキー時代から知っている大正生まれの関口からみれば監督・稲尾はまだ幼かった。

「人柄も実績も素晴らしい。選手ならそれでいい。しかし、監督となると厳しさ、非情さも求められる。稲尾はやさしすぎた」

思いあまった稲尾はパ・リーグの各球団に異例の「選手供給」を要請した。稲尾にしてみれば、リーグ各球団の共存共栄のためにはチーム力の均衡が必要不可欠との思いだったのだろうが、反応は当然ながら冷ややかだった。監督・稲尾は甘かった。

例外はV9街道を走り続ける巨人の監督、川上だった。稲尾からみれば、〝打撃の神様〟川上は仰ぎ見る大先輩である。昭和三十一年の日本シリーズでの初対戦では「心臓ドキドキ、ひざはガクガクで頭の中は真っ白になった」という。

長嶋も王も入団前の巨人、川上は不動の四番だった。四勝二敗でチャンピオン・フラッグが初めて関門海峡を渡ったこのシリーズで、稲尾は六試合すべてに登板しているが、不思議なことに川上には3割8分とよく打たれている。

しかし翌三十二年、三十三年と続く巨人との日本シリーズでは完璧に封じ込み、川上をして「稲尾の球が打てなくなったので引退する」と言わしめたのである。

川上は同じ九州人ということで目をかけ、失意の稲尾を励ました。監督としての心構えを説いたり、時には叱りつけもした。「投手が足りないだろう」と、高橋明、田中章の両投手をトレードで移籍もさせてくれた。巨人－西鉄のオープン戦にも協力を惜しまなかった。

そんな川上の激励で稲尾が気を取り直すことも再々だったようだ。

その稲尾が投手陣建て直しの柱にと期待したのが東尾修である。監督二年目、将来のエースと期待する東尾がKOされ、照れ笑いをしながらベンチに戻ってきた。試合後、稲尾は監督室に東尾を呼んだ。

「打たれたことを責めるんじゃない。お前の気を抜いたピッチングが許せないんだ。殴るからな」

「エッ、殴るですか、本当に?」

その瞬間、顔面に平手打ちが飛んできた。

稲尾の葬儀の日、東尾は殴られた日のことを懐かしそうに語っていた。

「だって、稲尾さんの目は細いんだもん。怒っているかどうか分からなかった。で、『本当に殴るんですか』なんてバカな質問をした。平手打ちを食らったけど、あの時の稲尾さんの手のぬくもりはいまも忘れない」

「まあ、そう言うな。許してやれよ」が口癖の稲尾の鉄拳制裁はあとにも先にもこの一度だけだった。

サインを盗むスパイ作戦

昭和も四十年代に入ると、かつての野球道という考え方は薄くなり、「勝つためには手段を選ばず」といった気配が濃厚になってきた。

それまでは相手選手のクセを読んだり、盗むのが熟練したプロの技だった。やがてこれがエスカレートしてセンターボードから双眼鏡で捕手のサインを解読して打者に知らせるスパイ行為まがいの行為まで現れた。

一時、南海の本拠地・大阪球場には「魔物が住んでいる」と言われたことがある。

「どうもおかしい。南海のバッターは変化球を予測したように踏み込んでくる。サインが盗まれているとしか考えられない」

西鉄の投手が首をひねるシーンが増えてきた。三塁コーチャーが「思い切っていけ」と打者に大声をかけたら変化球、無言ならストレートというのがそのパターンだったという。

野村の後任監督に就任した杉浦は、そんな姑息な手段を嫌うひとりだった。後に杉浦が苦笑まじりに告白したことがある。

「疑われるようなことは一切するな、と禁止令を出したら開幕から八連敗。あれには参ったよ。しかしねえ、西鉄も三原さん時代はかなりひどかったぜ」

杉浦の指摘に西鉄OBたちは「ありえない」と反発したが、いまとなっては真相は藪の中である。

しかし、各球団ともそんな「スパイ作戦」に神経をとがらせ、その対策に頭を悩ました時期があったのは事実である。

対抗手段として間もなくバッテリー間のサイン交換に乱数表を使うようになった。数字を足したり引いたり、サインをより複雑化して相手スパイ?の目をあざむこうとした。バッテリーは数字に強くないと務まらないから大変だ。

後年、ダイエーホークスの〝スパイ作戦〟が報道されて大騒ぎになったが、「南海ホークスのDNAだろう」というブラック・ジョークがささやかれたものだ。

第九章　ついに西鉄身売り

太平洋ライオンズ誕生

「きょうも負けて八連敗。栄光を築いた先輩たちに申し訳ない。心で詫びている」（昭和四十七年七月十五日）

稲尾の当時の日記である。監督に就任して三年連続最下位。稲尾の苦悩ぶりがうかがえる。

そのころ、水面下ではチームの身売り話が進んでいた。身売りの噂はそれまでにも出ては消え、消えては浮かんでいたが「俺の目の黒いうちは絶対手放さん」という楠根オーナーのひとことで沈静した。しかし、楠根が黒い霧事件で引責辞任すると、重しがとれたように身売り話が加速した。

西鉄本社の経理畑育ちの木本元敬は球団オーナーに就任すると、早速買い手探しに奔走した。

「もう西鉄の役目は終わった。タダで結構だから面倒を見て欲しい」と九州財界に声をかけたが、応じる企業もなく、反応は冷やかだった。

「口は出すが金は出さない。九州財界が西鉄ライオンズに何をしてくれたと言うんだ」木本はテーブルを叩いて九州財界をなじった。

救いの手を差し伸べたのはロッテのオーナー、中村長芳だった。山口出身の中村は岸信介元総理の秘書を長く務め、政財界に幅広い人脈を持つ人物として知られていた。当時の売却の相場は二億から三億といわれていたが、西鉄が提示したのは三千万円。いかに西鉄本社がお荷物になった球団に手を焼いていたかがわかる値段だった。栄光の西鉄は叩き売りされようとしていた。

「赤字理由の売却には納得できない。売店収入から広告費まですべて本社事業部が吸い上げる。本社が甘い汁を吸って、球団には赤字を出すなでは理不尽極まりない。売却の本当の理由は、本社が黒い霧事件によるイメージダウンを恐れたからだ。少しずつ再建が進んでいたのに本社にはライオンズは福岡の文化という愛情も認識もなかった。ただのご都合主義で売却してしまったんだ」

八年前に他界した球団幹部の古賀稲穂は「理不尽だ」と猛反発したがかなわず、その怒りは最期まで消えなかった。

西鉄の球団譲渡額に驚いたのは中村の方だった。

「ライオンズは歴史と栄光あるチーム。いくらなんでも三千万は安すぎる。一億でどうです」というう中村の申し入れで商談は成立、昭和四十七年十月二十七日、中村―木本の間で正式な譲渡契約が交わされた。

昭和二十五年の誕生から二十年余、この間五度のリーグ優勝、三度日本一に輝いた栄光チームの幕引きだった。

ライオンズの名を継承する西武球団の公式記録に西鉄時代の成績は復活するのだろうか。

稲尾も監督で残留

西鉄ライオンズは「太平洋クラブ・ライオンズ」とユニフォームを代えて再出発することになった。

新生太平洋はゴルフ場などを手広く経営する親会社がスポンサーだった、しかし、あくまで野球は独立採算で、大リーグのように野球企業として名乗りをあげた点では、日本初の試みとして注目された。

太平洋ライオンズ監督の稲尾

本拠地はこれまで同様、福岡となり、関係者やファンはひとまず胸をなでおろし、稲尾の監督残留も発表された。コーチも選手もひと安心だった。

「身売りが決まったとき、西鉄と運命を共にすべきだと思い、退団を申し入れたが、木本前オーナーから『西鉄の匂いを残しているのはお前だけだ』と説得され、中村オーナーからも『頼む』と言われて……」

太平洋が監督・稲尾を評価したわけではなかった。残留の背景には政治的な思惑も隠されていた。太平洋サイドは大きな懸念と不安を抱えていた。西鉄身売りで起きた市民の反対運動、福岡財界の冷たい反応、加えて福岡のよそ者は入れないという排他的な土地柄も問題だった。

東京から乗り込んできた坂井保之・球団代表は九州の冷たい風に「東京は契約社会。白黒はっきりして商売はやりやすい。しかし九州は〝まあまあ文化〟で腹芸の世界。関東のやり方は通用しなかった」と悔やんだものだった。

これを解消する緩衝剤は稲尾しかいない、というわけだった。事実、稲尾は瓦林潔・元九電会長を中心とする九州財界に多くの個人後援者を持ち、福岡での人気は絶大だった。

しかし、シーズンが始まると稲尾の不安がふくらみ始めた。

「東京遠征でちょくちょく中村オーナーの自宅に呼ばれたんだが、行くたびに応接間の高価そうな絵が少なくなっていくんだ。球団経営が苦しいとすぐに分かったよ」

実際、球団の財政は逼迫していた。

「選手はもちろん職員の給料が足りない月が何度もあった。平和台や小倉で試合があると職員が興行収入をかき集めて給料を払ったこともあった。中村さんはかなり私財を投げ打って頑張っていた。苦労の連続だったと思う」と当時の経理関係者は語っている。

演出された〝遺恨試合〟

球団維持のためには観客動員増しかない。そんな球団の切羽詰った思いが過剰な演出や宣伝作戦となっていく。標的にされたのはロッテ球団だった。

当時、ロッテの監督は四百勝投手の金田正一。国鉄、巨人とセリーグしか経験のない金田は閑古鳥が鳴くパリーグの試合に愕然とし、「もっとパを盛り上げんとアカン」が口癖だった。

金田のキャラクターと人気を利用したのが太平洋だった。デッドボールを巡る金田と太平洋ナインとの乱闘事件をきっかけに、球団は対ロッテ戦を「遺恨試合」と位置づけてファンをあおりたてた。

確かに金田と太平洋ナインは一触即発の緊張下にあった。太平洋の攻撃中、ロッテ投手にベンチから金やんが物騒なゲキを飛ばす。

「ぶつけろ、頭を狙え」

その大声が太平洋ベンチまで届いてナインを挑発した。

稲尾と金田のグラウンド外の舌戦も伏線になった。稲尾が「金田はかませ犬」と言えば、金田は「九州のど田舎もん」と応酬する。球団の演出と稲尾、金田がアジテーターとなって「作られた」遺恨試合は黄金カードとなった。

しかし、演出がエスカレートしてファンと金田の間で乱闘に近い騒ぎが起こり、昭和四十八年には機動隊が出動する騒ぎになった。翌年の平和台でも再び機動隊が出動、ロッテの選手たちは照明灯が消えたグラウンドに深夜まで残され、機動隊に守られてやっと脱出する騒ぎになった。

この一件で稲尾と金田は〝犬猿の仲〟と世間からはみられたが、真相は逆だった。

「毎晩、カネさんと電話連絡してたんだ。『ふたりでパを盛り上げるにはどうすればいいか』とね。あの舌戦も『サイ、オレはこうしゃべるから、お前も反論を考えろ』という調子だったんだ。オレとカネさんの間では出来レース。しかし球団が過剰演出してああいう騒ぎになった。カネさんにとっては不本意だったろうな」

後に稲尾が評論家としての初仕事で鹿児島キャンプ中のロッテを訪ねると、金田は「サイ、遺恨試合はお互いちょっとやり過ぎたな」と稲尾の肩をポンポン叩いて上機嫌だった。

遺恨試合のシナリオライターは球団、主演は稲尾、金田の二人だった。

太平洋での監督・稲尾の成績は、昭和四十八年が前後期合わせ五十九勝六十四敗で第四位、翌四十九年も判で押したように五十九勝六十四敗の四位だった。

稲尾解任、江藤監督へ

二年目から太平洋のフロントを仕切るようになった青木一三・球団専務には、監督としての稲尾は淡白過ぎると映ったようだ。

青木は大映・永田オーナーの元からロッテのスカウト部長に転じ、その実績を中村に買われてフロント入りした。関西人らしいソロバン上手で、遺恨試合の脚本を書いたのも実は彼だった。勝つためにはかなりあこぎなこともやれる人物で、相手ベンチに盗聴マイクを仕掛けるよう指示したことすらあったという。

そんな青木からみれば、稲尾の指導や采配はどうにもじれったかったようだ。

「ウチの監督はショーマンシップに欠ける。プロだもの、カネやんのようなショーマンでなけりゃ務まらんよ」と監督批判をエスカレートさせ、そのうち「ウチの監督は交代のテンポが遅い」などと采配にまで口を出すようになってきた。

しかし、稲尾は泰然としていた。チームの二年後、三年後を見据えている稲尾からすれば、青木の批判は短兵急に過ぎ、的外れだと歯牙にもかけなかった。

とは言え、二年連続四位、Bクラス低迷を理由に太平洋は稲尾を解任する。

「俺の解任の理由はフロントとの冷戦だった。フロントが東尾と加藤初をトレードに出すと言い出したのがきっかけになった。あの二人は投手陣の柱、断固反対した。それがどうも気に入らなかったようだ」

当たらずとも遠からずだが、太平洋が西鉄を買収したときから稲尾は暫定政権と決まっていた。もともと地元との緩衝剤としての稲尾起用だったから、フロントの本当の狙いは一日も早い「西鉄色」の一掃だった。

わずか一年の江藤政権

稲尾の後任監督は、何と大洋の看板選手の江藤慎一、仰天人事だった。

江藤は中日、大洋（現横浜）、ロッテと渡り歩いたが、中日、ロッテで首位打者をとり、史上初の両リーグの首位打者を獲得したスター選手だった。太平洋はその江藤をプレーイングマネージャーとして迎えたのである。

「確か昭和三十四年のオールスターでサイちゃんが先発した。『これがあの稲尾か』と思うと打席で震えが止まらなかった。一球目、外のストレート、二球目は外のスライダー、アッ、アッと言ってるうちに2ナッシングだ。一球外にはずしてくるな、と読んでいたら今度はインコースにずばりストレートで3球三振だよ。アッ、アッ、アッと三回声を出して一度もバットを振らなかった。いや、振らせてもらえなかったな」

フロントは江藤監督のもとに、近鉄の四番・土井正博、東映の三番・白仁天といった強打者をトレードで獲得、江藤を軸に土井、白、それに生え抜きの竹之内、大田が脇を固める、稲尾の時代には考えられなかった強力打線の布陣である。

江藤新監督はユニークだった。コーチを「代貸」、選手を「若い衆」と呼び、自らは番記者に熊本弁で語りかけるなど、豪胆な九州男児をアピールし、〝山賊集団〟のニックネームで売りだした。しかし、江藤野球が瓦解するのに時間はかからなかった。移籍組と生え抜きの微妙な意識のズレ、江藤の強引な采配に生え抜き組が反発するケースも出てきた。

竹之内雅史は純で正義感が強く、チーム内の人望も厚かった。ある負け試合で「だから西鉄の選手はダメなんだ」という江藤の皮肉に「監督、いまの言葉は撤回してください」と刃向かった。「若造、生意気言うんじゃない！」江藤の怒声を聞いた瞬間、竹之内は体当たりしていた。

生え抜きが冷遇され、移籍組が厚遇され始めてからチームの歯車は狂い始めた。

しかし、フロントの成果主義を押し付けられた江藤も気の毒ではあった。

江藤は豪放磊落、闘将という仮面をかぶって演技を続けたが、実は素顔の江藤は、細やかな神経の持主で傷つきやすい男だった。

周囲の評価を気にするあまり稲尾との関係も一時冷戦状態になった。その引き金になったのは近鉄・柳田豊投手の不用意なひとことだった。

柳田は昭和四十四年、ドラフト六位で西鉄に入団した熱烈な稲尾信奉者で、稲尾の退団と同時に近鉄へトレードされたが、意地をみせて以後四年連続して二桁勝利をあげていた。

それだけに稲尾色一掃をはかった太平洋戦にはとりわけ闘志を燃やした。

その柳田が平和台での太平洋戦に先発、2―0と完封した。引きがねのひとことは、試合後のヒーローインタビューで出た。

「稲尾さんから『太平洋打線には内角に落ちる球が効果的だ。その球を勝負球にして配球すれば打たれない』ってアドバイスされ、その通りに投げた。完封できたのは稲尾さんのお蔭です」とやってしまった。

柳田にすれば恩師を立てたつもりだったろうが、これを聞いた太平洋は激怒した。

「前監督が敵方に味方するとは何ごとだ」と、稲尾をグラウンド出入り禁止にした。

これを聞いた柳田も反発した。

「稲尾さんに謝ったら『気にするな。オレもお前も悪いことしたわけじゃない。それよりこれからも頑張れよ』って逆に慰められた。稲尾さんのためにもますます太平洋にだけは負けられないと思った」

稲尾と江藤はともに昭和十二年生まれ、出身も同じ九州ということで、もともと「慎ちゃん」「サイちゃん」と愛称で呼び合う仲だった。それが皮肉なことに、更迭された稲尾の後任に江藤が招聘されたばかりに厄介なことになったのである。

ふたりを巻き込んだ冷戦中のある日、稲尾が江藤を誘った。

「慎ちゃん、小さなことは気にせずに二人で飲もうか」

中洲のクラブで二人は飲み始めた。上機嫌の江藤はクラブのピアノを鮮やかに弾いた後、今度はギター片手に「マイウエー」「ジャニーギター」を英語で熱唱した。これまた玄人はだしの見事な弾き語りで、お客の喝采を浴びたが、なぜか江藤の目からは大粒の涙がぼろぼろこぼれていた。

江藤も稲尾や豊田たち同様、郷里・熊本の家族を背負ってプロ生活に入ったが、自分で始めた車の会社が倒産、莫大な借金を抱え、退路を断って引き受けた太平洋の監督だった。

稲尾は江藤の流す涙を、黙したまま見つめていた。

江藤率いる太平洋はこの年、五十八勝六十二敗と負け越してリーグ三位。江藤は自身の債権問題の絡んだスキャンダルもあって、結局わずか一年で更迭された。

稲尾の急死を江藤が知ったのは病室のベットの上だった。

「この体じゃ葬儀にも行けんなあ」とポロリと涙をこぼしたという。その江藤も稲尾の後を追うように翌年四月、波乱の七十年に幕を閉じた。

流浪のライオンズ、所沢へ

稲尾監督で二年、江藤監督で一年、太平洋は江藤の後任に柳川商（現、柳川高校）監督出身の鬼頭政一を迎えて乗り切ろうとしたが、成績は六位と振るわず、結局、ライオンズを手放し、新たにクラウンライターがスポンサーに名乗りをあげた。太平洋を漂ってからくも沈没は免れたものの、座礁は時間の問題とみられての船出だった。

鬼頭はチームがチャンスを迎えると、次打者に「何とかせい」を繰り返し、ついたあだ名が「何とかせいのキーさん」だった。弱い、お客が入らない。クラウンがスポンサーから降りるのは時間の問題とみられ、二年で西武鉄道へ身売り、本拠地は所沢と決まった。

九州に衝撃が走った。応援団を中心に本拠地移転反対運動が起こったが後の祭りだった。クラウンでも球団代表を務めた坂井は後に語っていた。

「中村さんは何としても本拠地移転だけは阻止したいと思っていた。しかし相変わらず九州財界は冷たかった。よそ者扱いは最後まで変わらず、所沢移転は西武への譲渡の条件だった。中村さんも断腸の思いで契約書にサインしたんだ。決して本意ではなかった」

そのころ、根強い西鉄ファンの間で愛唱されていたのは、ヒットメーカー、中村大三郎の作詞・作曲になるズバリ「西鉄ライオンズを返せ」だった。

「豊田がいた、中西がいた、稲尾がいた……」で始まるこの歌は、西鉄ファンのノスタルジーをかき立ててヒットした。

「あれでオーナーは嫌気がさしたんだ。これほど九州のファンのために尽くしても分かってくれない。私も同じ気持ちだった。自分たちの苦労は何だったんだろうと空しくなった」

一曲の演歌がチームの命運を決めたとは思えないが、少なからぬ影響を与えたらしい。たかが演歌、されど演歌である。

「宮崎出身なので、小さいときから西鉄が大好きだった。とりわけ稲尾、豊田の大ファンだった。

西鉄伝説を風化させたくない、という思いから書いた曲だったが、結果的にプロ野球が九州からなくなっちゃったんだから逆効果だったかなあ」

生前、予期せぬ反響を聞かされた中山は、苦笑まじりでそう話していた。

昭和五十二年、ライオンズは西武に買収され、本拠地を埼玉・所沢に移転させ、新たなスタートを切った。

星野仙一の仰天パフォーマンス

五年間の苦渋にみちた監督生活を終え、稲尾は昭和五十年、ネット裏から観戦する評論家生活に入っていた。スポーツニッポンと地元のRKB毎日放送の解説者である。

ところが、三年目のオフ、中日ドラゴンズから投手コーチへの招聘を受けた。そろそろユニフォームが恋しくなっていた稲尾はふたつ返事で引き受けた。

監督は与那嶺要から生え抜きの中登志雄(利夫)に代わったばかり、マスコミは大物投手コーチに注目したので監督はやや影の薄い存在になってしまった。「中日には監督が二人いる」などといわれては中も面白くなかっただろう。

「何だろうな、オレは意識しないんだけど、中が妙に遠慮するんだ。直接、オレには言わず他のコーチや選手を通じていろいろ伝えてくる。これはちょっとまずいなあ、と思った」

しかし、得がたい出会いもあった。十年目のエース、星野仙一である。

稲尾によれば、星野は「ブルペンでは全然ダメだが、マウンドに上がれば見違えるような投球をする。特に巨人戦となると特別気合が入る」面白いピッチャーだった。

ところが「あれには参ったよ」と温厚な稲尾が怒りを爆発させる豹変ぶりを星野は見せつけた。

星野先発のある試合、リードしてはいたが、後半になり球威が落ちてきた。稲尾がマウンドに行くと「稲尾さん、もう限界です。代えてください」と、いまにも泣き出しそうな顔で訴える。しかし、手はグローブをポンポンたたき、気迫十分の様子だ。

「そこで代えた。ところがベンチに戻ってくるなり、いきなりグローブを叩きつけて悔しがり、俺をにらみつける。さも代わりたくないのに代えられたと言わんばかりなんだ」

ファンからは「なぜ代えた」と、稲尾に向けたブーイングが起こった。本人が申し出た納得の交代だったはずなのに……納得のいかない稲尾は試合後、星野を呼びつけて怒鳴った。

「お前が代えてくれ、と言うから代えてやったのにあの態度はなんだ！」

星野の返事がふるっていた。

「稲尾さん、ボクは（名古屋では）〝炎の男〟〝闘志の男〟と言われているんです。ああでもしないとカッコつかないでしょう」

「あれにはオレも二の句が告げなかったよ」と稲尾は苦笑するばかり。こんな芝居っけたっぷりのパフォーマンスは稲尾にはとても出来ない芸当だった。

稲尾は中日で三年間、投手コーチを務めて退団、福岡に戻り、再び評論家生活に入った。

ロッテ誘致に失敗

評論家として再スタートした稲尾が情熱を注いだのは、福岡へのプロ球団誘致運動だった。

「俺を育ててくれたのは平和台なんだ。平和台のファンの声援があってこそ、いまの自分があると感謝している。球団がなくなって九州のファンは寂しい思いをしている。厳しいかもしれないが、誘致に全力投球したいんだ」

平和台球場が自分の「父であり母」だとよく語っていた稲尾は、その言葉通り、心血を注いで誘致運動に乗り出した。

「福岡にプロ野球チームを」と呼びかけると、五十万人の署名が集まった。地元財界の有力者を手始めに、四国、京都、神戸、千葉、仙台、札幌……少しでも脈がありそうだと思えば、その土地の実業家、商工団体、政治家を訪ね、球団誘致をかき口説いた。文字通り東奔西走した。

しかし、福岡の市場は魅力的に映ってもフランチャイズ制から成り立つプロ野球機構のこと、おいそれと本拠地を移す球団も、球団新設に意欲的な企業もなかった。

ライオンズが九州を去ってからというもの、福岡・北九州地区では、公式戦は年間十試合程度で、ファンにとっては寂しい限りだった。「在九州球団」の実現はハードルが高く、稲尾もKO寸前にまで追い込まれていた。そんなとき耳寄りの話が届いた。

「ロッテが福岡移転を計画している」というものだった。当時、ロッテは老朽化した川崎球場を本拠地としながら仙台・宮城球場を準フランチャイズにしていた。両地での観客動員がこれ以上見込めないロッテにすれば空家となった平和台は魅力的だったに違いない。

「この情報と一緒にロッテから監督の誘いを受けた。『いずれ福岡に本拠地を移す計画があるので監督を引き受けて欲しい』ということだった。それなら、と監督を引き受けた。じゃないと引き受けるつもりはなかったよ」

そんないきさつから稲尾は昭和五十九年、ロッテの監督に就任した。福岡に家族を残しての単身赴任。首位とは8・5ゲーム差とはいえ、稲尾率いるロッテはいきなり二位の好成績をおさめた。

確かにロッテは福岡移転を真剣に検討していた。徹底した市場調査が続けられ、稲尾も九州政財

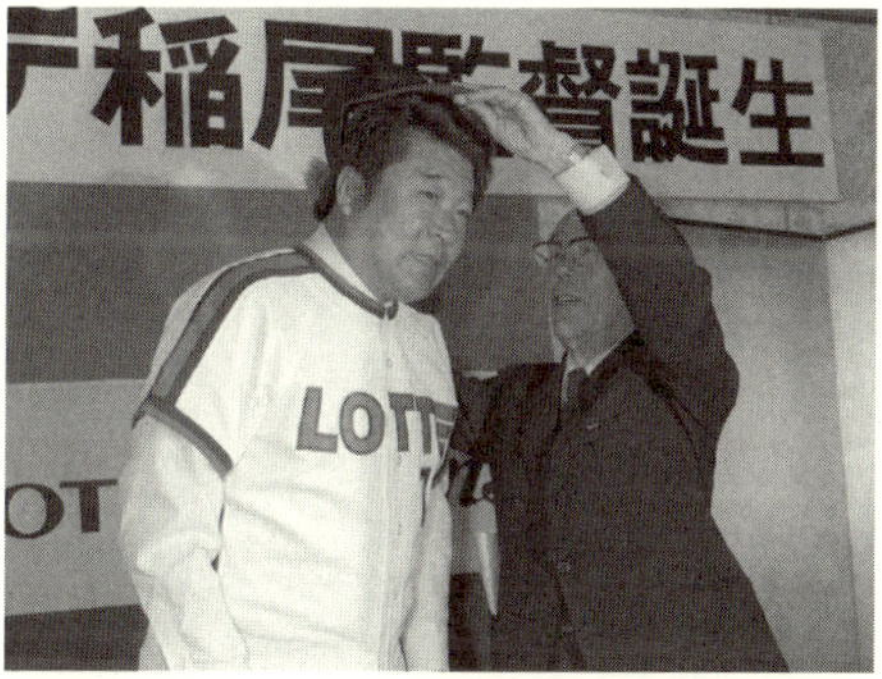

ロッテのユニフォームを着る稲尾監督

界とのパイプ役を買って出た。しかし本拠地移転は社運を賭けた大事業になる。福岡市場の経済規模、太平洋の失敗例もある。ロッテ本社内でも、移転派と反対派の綱引きが延々と続いていた。

稲尾ロッテ、就任二年目も成績は第二位、しかし三年目には四位とBクラスに転落した。そのオフ、稲尾は突然解任された。すでにこの情報をキャッチしていた親しい記者が「ロッテは次期監督を内定しているようですよ」と耳打ちした。

「エッ、そんなはずないよ。だってきのう重光オーナと食事したとき『頑張れよ』って激励されたばかりだ。チームの福岡移転が決まるまでオレは頑張るよ」

しかし、すでにはしごは外されていた。稲尾解任は即移転反

対派の勝利を意味していた。

金田監督時代の、例の遺恨試合に起因する福岡アレルギーを持つ選手もまだ多かった。「なんでオレたちが稲尾さんに協力せにゃいかんのや」と主力選手は公然と稲尾批判をしていた。

しかしロッテにも例外はいた。落合博満である。彼は熱狂的な稲尾崇拝者で、チーム内の稲尾批判には過剰なほど反発していた。

こんなエピソードがある。ある夜の博多・中洲、落合は西鉄OBと記者を交えて痛飲した。某OBが若き日の稲尾の失敗談を面白おかしく披露すると、落合の顔から笑顔が消えた。

「稲尾さんの悪口を言う人とは飲めない。口もきかない」

顔をそむけると、そのまま店から姿を消してしまった。

この話は、腹の虫をおさまらなかった落合が夫人に漏らし、夫人から稲尾に伝わったが、稲尾は感情を波立てることもなかった。

「OBもいろいろだからと逆になだめた。野球選手ってみな純情なんだ。とりわけ落合は純だったよ」と、西鉄OBをなじる夫人を逆になだめた。

稲尾はロッテの福岡誘致に失敗したが、その執念と情熱が消えることはなかった。

やがて、ダイエー・中内㓛社長の大英断で昭和六十三年、かつて西鉄と死闘を演じ続けたライバル球団の南海を買収、福岡に新生「ダイエー・ホークス」を誕生させた。その後、ダイエーの破綻でホークスはソフトバンクに引き継がれていく。

監督・稲尾の評価

もし時代が〝乱世〟でなく平時であれば、監督としての稲尾はもっと選手たちの可能性や力を引き出せたかもしれない。

時代は「乱パ」だった。かつての強者、西鉄と南海が凋落、代わって阪急、近鉄の台頭でパ・リーグの勢力図が大きく塗り替えられようとしていた。

「なぜ西鉄の黄金時代は短かったのか、徹底して検証した。出た結論は選手管理を怠ったからだ」

V9街道を突っ走る巨人の川上監督は、選手を徹底的に管理し、ベンチが野球をする「管理野球」に自信を深め、やがてこれが球界の主流になっていく。

球団はすぐに結果を求める成果主義を監督たちに求めだした。「オレについてこい」式の叱咤激励型リーダーがもてはやされ、稲尾のような家康流の「鳴くまで待とう」は時代の色に合わなくなってきていた。

稲尾も「投手出身の監督は成功しない」というジンクスに悩んでいた。

「投手族は18・44メートルの世界、つまり打者とキャッチャーの世界しか知らない、ということから生まれたジンクスだろう。確かに一理はあるが……だからと言って一概に投手出身を視野狭窄と決めつけるのはどうか」

名監督には内野手出身が多いといわれる。三原、水原、鶴岡、川上、さらに広岡、古葉、仰木、王も内野手出身だ。野村、森は捕手出身だが、内野手に含めれば、なるほどとうなづける。

内野手はバッテリーのサインで微妙に守備位置を変えたり、外野手との連携プレーにも気を配ら

米田哲也・元阪急投手（中央）とともに野球殿堂入り、金田正一の祝福を受ける

殿堂入りの祝賀パーティーに駆けつけた落合博文

ねばならない。「目配り、気配り、心配り」が、最も要求されるポジションで、「野球を一番知っているのが内野手」というのが定説となっている。

このジンクス破ったのが藤田元司に次いで星野仙一。星野は中日、阪神の監督として成功、北京五輪では全日本の監督を務める。

「平時」に「乱」を持ち込んで星野は成功し、「乱世」に「平」を持ち込んで稲尾は失敗したという見方もできるかもしれない。

「人柄一流」の稲尾

超一流投手・稲尾も監督としては「二流」のレッテルを貼られてしまった。しかし、「人間・稲尾」は一流だったと言う人は、これまで折りにふれて紹介した先輩や後輩たちのエピソードからも圧倒的に多い。

稲尾の威張らぬ、飾らぬ、庶民的なあたたかい人柄を物語るエピソードには事欠かないが、博多・中洲に今も伝説的に伝わるこんなエピソードは、稲尾の「人柄一流」をよく現わしている。

三十二年前の出来事ながらあるクラブのママさんはいまでも鮮明に覚えている。

長崎県・平戸から出てきてばかりの彼女は、初めてついた客が稲尾だった。例によって稲尾は後輩三、四人を引き連れてやってきた。しかし、彼女は稲尾の名前も顔も知らなかったので、うっかり訊ねてしまった。

「立派なお身体ですね、何かスポーツでもやってらっしゃるんですか」

「何だ！　お前、稲尾さんを知らないのか！」

連れが怒り出した。

「もう、泣きたくなりました。そんな私を可哀相と思われたんでしょうね、『昔の名前で出ている稲尾です。よろしく』とニコニコしながら言って下さったんです。そのひとことでいっぺんに場が和んで私も救われました。稲尾さんの思いやりが嬉しかった」

他愛ないと言えば他愛ないが、この気配りが稲尾の「人柄一流」の証しであろう。

こんな人柄に引き寄せられるように、ユニフォームを脱いでからも稲尾の周りには人がよく集まった。

「稲尾会」もそのひとつ。ジャンボ尾崎、東尾、加藤初、竹之内、東田正義、基、大田、真弓ら、かつての門下生中心の会である。酒を飲み、ゴルフを楽しみながら仲間の絆を確認し合うこの会は、稲尾の他界直前まで続いた。

「稲尾さんはねえ、温かいんだよ。会うとホッとさせられるんだ。人徳なんだろうね」

ジャンボがしみじみ話していた。

監督・稲尾は二流だったかも知れないが、人間・稲尾は一流だった。

「感謝、感謝」の晩年

稲尾がロッテのユニフォームを脱いだ後も、実は二度ほど現場復帰の話があった。

ひとつは巨人のピッチングコーチ就任要請、王監督時代である。「稲尾さんの浪人は球界の損失。

マスターズリーグの監督たちと（左から山内一弘、土橋正幸、近藤貞雄、吉田義男、稲尾和久）

あの実績と理論を巨人で生かしてもらいたい」と王は執着したが、自身の予期せぬ退任で、この話は幻に終わった。

いまひとつが新生ダイエーの監督。初代監督の杉浦が「後はサイちゃんに」と球団に強く推薦し、ファンも熱望したが、結局、球団の方針と相容れず、これまた幻に終わった。

王も杉浦も悔しがったが、球団経営の現場と、選手たちの友情や想いの間には微妙な距離があることも事実だ。

稲尾がユニフォームを脱いでから、サインに添える言葉が変わった。かつての「鉄腕一代」から「感謝」になった。

「自分に野球がなかったら、恐らく別府の一漁師で一生を終えていただろう。野球があったからこそ、またその野球を通じて周囲のあたたかい支えがあったからこそ稲尾という名前を残せるようになった。野球に感謝、社会に感謝、感謝だよ」

晩年の稲尾は照れ笑いを浮かべながら、しかし真剣にそう繰り返していた。

そして感謝を込めて「人のためになす」を信条とした。野球のために、西鉄OBのために、少年野球のために、友人のために、労を惜しまなかった。

神様はそんな稲尾に、スポーツ文化功労賞、野球殿堂入り、というふたつの名誉ある賞を与えて報いた。

終章　「鉄腕二十四ヶ条」

稲尾は現役通算十四年、監督・コーチ通算十一年、グラウンドにいなければネット裏に、その七十年の生涯は野球とともにあった。

「西鉄に入団したとき、ピッチングコーチから『同じ失敗を繰り返すな』と厳しく言われた。それが『大投手への道につながる』とも聞かされてきた。プロの投手は一年間に同じチーム、同じ打者と何回も対戦する。初対決のときには失敗しても次の対戦では、その失敗を生かしたピッチングをしろ、ということだ。時代がいくら変わってもこの言葉は生きていると思う。十四年間の投手生活で、見たこと、感じたこと、体験したことをノートに書き綴ってきた。初歩的なことも、高度な技術論もある。それを整理して世に出したいんだ」

それが稲尾の背番号24にちなんだ「鉄腕二十四ヶ条」である。その中で稲尾は次のように語っている。

「実績から理論が生まれるのであって、理論から実績が生まれることはない。理論はあくまでアドバイスに過ぎない。だから自分の理論がすべてに当てはまるとは限らないが、エースを目指すすべての人たちの参考になればこんな喜びはない」と。

稲尾が体得した「理論は実績から生まれる」という信念を大リーグに例にとれば、なるほどタイカップの単打法、ホームラン打者・ベーブルースのアッパースイング、ディマジオの水平打法など、その実績に裏打ちされ、編み出された独自の打撃論に思い当たる。

稲尾が活躍したほぼ半世紀前、昭和三十年代と現在では日米ともに社会も野球も大きく変わった。以下に紹介する稲尾の「二十四ヶ条」の中には、あるいはやや色あせたものもあるかもしれない。

しかし、この「二十四ヶ条」には、「鉄腕」と謳われた不世出のこの偉大な投手の足跡とエッセンスが濃縮されて詰まっている

「明日のエースをめざす」人たちの教材となり、バイブルとなれば天国の稲尾も本望であろう。この紹介を私の稲尾への「鎮魂の歌」としたい。

第一条　打者を飲んでかかれ

「闘志なきものは去れ」という言葉はどの社会でも同じだ。闘志の弱いものはよい投手にはなれな

い。というのも打者に対して闘志の強い投手は「打たせない」と考え、弱い投手は「打たれまい」と考える。

この差は大きい。攻めのピッチングか、逃げのピッチングか、につながっていくからだ。投手は打者を攻めることから始まる。かわすことはあっても絶対に逃げてはいけない。どんなに素晴らしい投手でもホームランを打たれることはある。しかし、好んでホームラン打者の好きなコースに投げるバカな投手はいない。打者には投手を引き込む「念力」みたいなものがあって、自分の好きなコースに投げさせることがある。それも「闘志」が源になっていて、不思議な念力を発散させるのだ。

いってみれば投手と打者の「闘志」のぶつかりあいで勝負は決まる。投手が打者を飲むか、打者が投手を飲むかである。投手に飲み込まれる打者は「打たされ」、逆に打者に飲み込まれた投手はホームランコースに投げてしまう結果を招く。

自信過剰は禁物だが、投手は「強い闘志」を持って「打者を飲んでかかる」ことがいい投手の条件である。

第二条　勝負は五分と五分

最近のプロ野球で目につくことのひとつに、投手が投げる前から自分で結果を出しているような気がする。あるいは結果を出さないまでも、打たれることを前提に「逃げのピッチング」をしている。

三割打者でも十本に三本のヒットしか打てない。ホームラン打者でも一年間で四十本程度しかない。打ち取るか、打たれるかは投げてみなければわからない。勝負は常に「五分と五分」なのだ。

私は現役時代、「ポーカーフェイスのサイ」と言われた。心の動揺を表に出さないことからこのあだ名はついた。どんな偉大な投手でも、ホームランを打たれたりすると、穴があったら入りたいほどの悔しさと恥ずかしさで身が縮む思いをするものだ。しかしエースほどそれは心の中に留めて決して表に出さないものだ。

心の動揺を表に出せば、打者に「打てるぞ」という優位感を与え、それだけで投手は不利な立場に立たされてしまう。それだけにとどまらない。味方ベンチや選手にも不安感を与えてしまう。「勝負は五分と五分」という信念。動揺する心の隙を見せるようでは決して成功しない。

第三条　一分の偶然性にかけてみよ

言葉をかえるなら「一分の可能性を追求せよ」ということ。ネバーギブアップ精神は何も野球の世界だけではなかろう。

九回裏無死満塁のピンチ。0－2の不利なカウントから開き直って投げた球がインコースのとんでもないボール球、のけぞった打者のバットに当たりキャッチャーゴロ。捕手から三塁、二塁、一塁と転送されるトリプルプレーとなった。無死満塁でベンチもサヨナラ負けを覚悟していただろうが、チャンスは一瞬に消え去った。私も長い野球生活でこうしたケースを何度も目撃した。どうにも活路が開けないときでも「一分の偶然性や可能性」はまだ残されているのだ。しかし、それも打者を打ち取るため考えあぐねた結果の偶然であって、考えもしないで棚からボタ餅は無理。

私にも貴重な体験がある。対毎日オリオンズとの試合だった。1－0とリードして九回一死満塁のピンチを迎えた。打者は四番の山内さん。私はなぜかスクイズを予測した。三塁走者がしきりにベンチのサインを気にする動きが見て取れたからだ。

スクイズをさせないためにはどうするか、私は山内さんの足元へ低い球を投げようと決めた。暴投というリスクもあるが「一分の可能性」にかけたわけだ。

1－2のカウント。三球目、ワンバウンドに近い球を投げると山内さんは手が出せなかった。飛び出した三塁ランナーは三本間に挟まれてアウト。ピンチを脱した私は完封勝利を飾った。三原さんが西鉄監督時代「野球とは偶然がもたらす競技である」とよく言っていた。投手は偶然も味方に引き入れ、信じて挑戦する勇気も必要だ。

第四条　自信は積み重ねで

自信とはなんだろう。いろんな監督や選手に聞いても、人それぞれである。「エースの球をホームランしたから」「あの打者を三振にとったから」と、人によってプロセスが違うから「自信とはこれである」などと一元化するのは難しい。

私自身の体験でも明確化することは出来ない。しかしひとつ言える事は、ある程度の過程を経てこない限り、自信をつかむのは難しいということだ。

私の西鉄ライオンズの先輩に玉造陽三さんという打者がいた。私より一年先輩だが不器用な人でそのフォームたるやあまり褒められたものではなかった。その玉造さんが「やっと自信を持って打席に立てるようになったよ」と言ったのは入団十年目である。その自信から十年目で三割打者の仲間入りをした。

「自信」という言葉を簡単に口にする選手は信用できない。大打者ほど「自信より不安だらけ」と言って自らを叱咤激励している。

私も本当に自信を持って投げられるようになったの入団五年目、四十二勝（昭和三十六年）したときからだ。それまでの私は三十勝をマークしていたが、それは相手より偶然、力が勝っていただけで「自信」からきたものではなかった。

昔の監督は「自信は練習の産物である」とよくいっていた。練習もまた「工夫」である。工夫のない練習は機械と同じで、局面が変わる実戦では対処できない。

創意工夫しながら練習を積み、壁に突き当たってまた工夫する。これが本当の練習だ。

この積み重ねで「きっかけ」をつかみ、その集大成が自信につながっていくことを肝に銘じてほしい。

第五条　感謝せよ

投手のタイトルは最多勝、勝率、防御率、セーブに分けられる。どのタイトルも素晴らしい勲章であることは間違いないが、中でも注目を集めるのは最多勝と防御率だろう。

しかし防御率は確実に個人の実績が反映されるが、最多勝はそうはいかない。いくら好投しても打線が点をとってくれなければ勝ち星に結びつかないからだ。

五点取られても打線が六点とってくれれば勝ち星は転がり込んでくる。投手と野手の関係を考えるなら「野手へ感謝せよ」ということである。

野手がエラーする、打てない。「負けたのは野手のせい」とばかり、怒りを露骨に態度に出す投手がなんと多いことか。こんなピッチャーは絶対、野手から信頼されない。

現役時代、高くなった鼻をへし折られたことがある。私が2ランホームランして2－0で完封した試合だった。ベンチの中で「明日の新聞の見出しは〝稲尾投打に活躍〟ですね」と言った途端、中西さんと豊田さんから「野球はひとりでやるもんじゃないぞ」とすごい剣幕で怒鳴られた。挙句が「オレのところに打たせたらエラーするぞ」とふたりに言われた。

その言葉通り、中西さん、豊田さんが連続エラーして私は九回、無死一、二塁のピンチに立たされた。エラーはわざとでなく偶然と信じているが、野手の反発を買うことがいかに怖いか、天狗になることが愚の骨頂であることを思い知らされた。

野球は九人の力が結集してこそ「結果」が出せる。野手への「感謝の心」を忘れてはならない。

第六条　すべての球は直球からスタートする

最近、父子でキャッチボールする風景が少なくなった。私たちの少年時代、男の子は「三角ベース」で野球を覚え、泥んこになって白球と格闘したものだった。都市化の波に飲まれて空間が少なくなったいま、私たち世代の嘆きはナンセンスと分かっていてもやはり寂しい。

しかし時代は変わっても変わらないこともある。キャッチボールするのに変化球からスタートする人はいない。ストレートを相手の捕りやすい胸元に投げるはずである。

野球技術が進歩し、先人たちはいろいろ工夫を始めた。打者のタイミングをはずすにはどうすればいいか、打たれない球はないか、等のテーマに取り組んで開発されたのが変化球である。

直球をより多く回転させたのがカーブであり、逆回転させたのがシュートである。しかし最近のプロの投手を見ると、変化球を生かすために直球を投げている。私に言わせれば逆である。打者にとって変化球ほど打ちやすい球はないのだ。タイミングさえ覚えれば打者にとっては手ごろなボールとなる。

ストレートは腕の振りや指の引っかかり具合でスピードや球のノビが違ってくる。だから打者はタイミングを取るのに苦労する。

直球の補完球として生まれたのが変化球。この基本を忘れてはならない。直球を磨き、直球を勝負球につかってこそ変化球は生きてくる。

第七条　コンビネーションは球種のバランス

「球威」と「コントロール」――どちらが欠けても一流投手にはなれない。しかし私はこのふたつにもうひとつ「コンビネーション」つまりボールの配合を付け加えたい。

プロ、社会人を問わず最近の投手は数多くの球種を持っている。球種が多いことは確かに武器になる。しかし要は球種の使い方である。「速い球をより速く」「遅い球をより遅く」見せるのがコンビネーションだ。

いくら一五〇キロの速球を投げるピッチャーでも連続して投げていくと、だんだん遅く見えてくるものだ。実際の速さは変わらないのに遅く見えるのは、打者の目がその速さに慣れてくるからだ。そこで遅い球を配合したあと、速い球を投げるとより速く見えるのだ。打者に目の錯覚を起こさせることでタイミングをはずすというテクニックだ。

投手はピンチになると自分の持ち球、自信のある球に頼りたがる。この頼る気持ちが同じ球を投げ続けるという単調さを生む。これでは打者に投球を読まれ、目を慣れさせてしまう結果となる。

投手と打者の関係はタヌキとキツネ。「球威」に「コントロール」を基本に打者の目に錯覚を起こさせるコンビネーションに磨きをかけて打者を煙に巻いていただきたい。

第八条　球種には相互関係がある

大事な場面で、信じられないような球を投げて打たれ、「しまった」と歯ぎしりする投手は多い。特にこれは経験の浅い若い投手ほど多い。

これも、いろんな球種には長所と欠点が同居しているという相互関係を知らないからで、知っていればケースに応じた、球種を投げわけられるはずである。一流といわれる投手ほど球種の長所と欠点を知っている。

では、球種には、どんな長所と欠点があるのか、ここで紹介してみよう。

●ストレート

［長所］球威さえあれば一番打たれない球であり、フライに打ち取れる。また変化球を生かすピッチングの基本になるボール。

［欠点］高めに浮くケースが多く、長打をくいやすい。

●カーブ

［長所］打者のタイミングを狂わせやすい。ストレート球を生かす大きな武器となる。

［欠点］ブレーキがなければ効果は薄い。コントロールがつけにくく、回転も多いだけによく飛ぶ。

●シュート

［長所］ピンチ脱出には、シュートは有効である。打者がボールの上を叩くから、内野ゴロが多く、ダブルプレーには最適。またスライダーを生かすのもシュートの特徴である。

［欠点］コントロールがつけにくい。中途半端なコースにいけば一発長打、特にホームランにつながる。
●スライダー
［長所］コントロールがつけやすく、カウントを整えるのに効果がある。シュートとともにダブルプレーがとれる。

［欠点］ただしスライダーは引っ張る打者でないと効果はない。押っつけてくる打者には、併殺は危険性が高い。またコントロールがつけやすいのが災いして打ちやすい球に変わって長打をくらう。
●フォークボール、ナックル（落ちる球）
［長所］まず長打をくらう心配はない。特に打者を追い込んでから投げると効果的。

［欠点］コントロールがつけにくく打者に握りを見破られやすい。変化が少ないと痛打される。

第九条　「攻撃は最大の防御」は投手のためにある言葉

野球はディフェンスとオフェンスに主役がいるのが特徴だ。攻撃の主役が四番なら守りの主役は投手といえる。

守りといえば、受身の姿が連想され、投手も相手の攻撃を防ぐためだけにエネルギーを注ぐ役柄のように思われがちだが、そうではない。ある意味では、バッターより攻撃性がなければならない。

そのことを具体的に説明してみよう。

まず投手が第一球を投げて初めてプレーボールが宣告される。言いかえればピッチャーが打者を攻めることで防御の役目を果たすわけだ。

ピッチングは、打者の気持ちをはぐらかすずるさがなければダメだ、と言われる。もちろん大切な投球術だ。しかし、かわすだけでなく攻めがないとうまくいかなくなる。

攻めの投球は一発長打をくいやすい、かわす投球は逃げる一方のパターンでいつかは打者につかまる。つまり攻めとかわしをうまく使い分けてこそ一流になれるということだ。

最近、プロ野球の若手投手の中には、かわす投球をするものが増えている。これでは大きく成長しない。

第十条　打者の共通する死角を知れ

打者には偉大なバッターを含めて、共通の欠点があるものだ。欠点というより「死角」と言った方が適切かもしれない。

どんなに練習を積んでも、どんなに才能に恵まれたバッターでも人間である以上、苦手なコース、球種があるはずだ。この共通の死角を知っているか知らないかは大違いで、ピッチングの組み立て自体に大いに役立つので、基本的なことだけ紹介しよう。

バッターには大まかに言って二つのタイプがある。投手寄りに立つ打者、キャッチャー寄りに構えるバッターである。

この二つのバッターに共通して言えるのはカーブに弱いこと。投手寄りに立つ打者はカーブが曲がりきらないうちに打とうとする。捕手寄りの打者はカーブが曲がってから打とうとする。しかしカーブに弱いということを裏返せば、ストレートに強いということ。そんな打者に間違っても平凡な直球を投げないことだ。

次に打者の苦手なコースを見抜くにはどうすればいいか、基本的な例を紹介したい。

ベース寄りに立つ打者の共通点は、外角に弱く内角に強い。ベース寄りに構えるのも外の球を見やすくしたいという心理が働くからだろう。このタイプに不用意なインコースは危険である。

ベースから離れて立つ打者は外角に強くて、内角は弱い。

投手はただ捕手のミットめがけてストライクを投げるのだけが能じゃない。打者の構え、苦手な球種、コースはしっかり頭にインプットして〝頭球〟することだ。

第十一条　投手には八人の味方がいる

野球は九人でやる競技である。投手にとって自分以外の八人が頼りの味方ということになる。

しかし昔よく先輩からいわれた。「野手を味方と思って全面的に頼るようじゃダメ、彼らをどうやったら生かせるかを考えるのが投手だ」

つまり早く自分の投球パターンやリズムを野手たちに覚えさせる、ということである。

例えばK投手は必ず一球目からストライクをとりにいく。ということは、早く野手のところへボールが飛んでくる確率が高いわけだから、彼らに素早い反応が求められるわけだ。

もう一例。S投手が主力と勝負するときは2―3というパターンを野手に覚えこませたとする。そうすれば2―3になっても野手たちは浮き足立つことなく投手を信頼して、それにふさわしいプレーで投手を盛り立ててくれるものである。

野手のリズムを狂わせる投手の共通点は「行先はボールに聞いてくれ」のピッチャーだ。ストライクと思えばボール、ボールと思ったときはストライクで打たれる。

野手にとって「まさか」と思ったタイミングでボールが飛んでくるので、リズムに狂いが生じてエラーしてしまう。つまり投手と八人の味方の間に連帯感がなくなったわけだ。

それに最近、気になるのが捕手任せ、捕手に頼りすぎる投手が多くなったこと。もちろん捕手との呼吸は大切だが、投手も考えるクセをつけないと一人前とはいえない。そんな投手に限って、捕手が交代するとガタガタと崩れてしまう。

だから捕手のリードは球種とコースにとどめておけ、というのが私の持論である。

第十二条　理屈ではない、直感力を生かせ

情報化社会の真っ只中に私たちはいる。新聞、週刊誌、テレビはもちろん、最近はコンピューターの前に座ると、あらゆる情報が洪水のように流れ出る。野球界も例外でなく、いまや情報が氾濫している。

一にデータ。二にデータ。私のような頭の悪い男は頭が痛くなる。データは無視しないが、直感というか感性といった人間的なものが、それ以上に大事だというのが私の長年の持論である。ピッチャーは過去のデータと打者の長所、欠点、それに自分の感性をミックスしてピッチングを組み立てなければならない。

これをベースに一球一球、レンガをひとつずつ積むようにピッチングを展開していく。データはあくまで潜在的なもので、最後の決断は直感力だ、と私は思う。理屈っぽくいえば、人間の大脳でものを考えて体に命令する。これが普通の状態だが、野球ではこうしたプロセスをきちんとたどっていたのでは、間に合わない。

つまり野球選手は、判断、決断、行動が瞬時に、しかも同時に出来なければ一流とはいえない。特に投手には一種の鋭い反射神経が要求されるのだ。

データはあくまで補佐的役割でしかない。「カン」こそ経験の蓄積から生まれる。非近代的だとカンをバカにしてデータ頼みの投手は平凡で終わってしまう。

「古いなあ」と若者たちからヒンシュクを買っても、この信念だけは曲げられない。

第十三条　アンパイヤーも味方のうち

血相変えてアンパイヤーに抗議するピッチャーがいる。自分の下手さ加減そっちのけで、ボールの判定はアンパイヤーが下手だからだ、と言わんばかりの投手を見ていると情けなくなってくる。

私に言わせれば、自分で自分を不幸にしているとしか思えない。

アンパイヤーも人間、その日の体調もある。ミスジャッジもある。投手にとって困るのはアンパイヤーの連続ミスで、不利なカウントになることだけは何としても避けたい。防ぐためには審判から好かれること、彼らのクセを知ることである。

私は現役時代、ストライクと思った球が「ボール」と判定されると、打者が打席に入る時間を利用した。怒りをぐっと抑え、ニコニコと球審に近づいて「もう一度、同じコースに同じ球を投げるから判定してください」と頼み込んだものだった。

同じ球といっても外角、内角に少しずらしたボールを投げて判定してもらった。この方法は審判の心証をよくしたようで、よく他チームの選手から「稲尾のスライダーはボールなのに審判はストライクと判定する」とクレームがつくほどだった。

アンパイヤーのクセを知ることも大きな武器になる。ストライクゾーンは決まっていても、そこは人間のやることだ。

高めのボール球、低めのボール球を「ストライク」と判定するなど審判によってはかなりの差がある。「〇〇さん、今日は高めをとるな」と思ったら、彼に合わせたピッチングを勧めたい。

第十四条　一球をおろそかにする者は一球に泣く

現役、監督時代を通じて若いピッチャーに「一球を大事にしろ」と口をすっぱくして言い続けてきた。

私には苦い経験がある。忘れもしない昭和三十一年のシリーズ。私は鉄腕の名をほしいままにし、有頂天になって自分では気がつかない失敗をしてしまった。

相手は強打者を並べた大毎オリオンズ。バッターは葛城だった。後に彼は日本を代表する好打者に成長するが、当時はまだファームから一軍に上がったばかりの無名の打者だった。葛城は私と同じ大分県出身。「県人意識」が働いたかどうか、私に「気の緩み」があったことは確かだ。

そんな背景があって、気楽に投げて簡単にヒットを打たれた。私にとってはたかが一本のヒットだが、彼にとっては誰も打てない稲尾から打てた、という感激が自信につながったのである。

翌三十二年から私にはこのバッターが一番の苦手になってしまった。

忘れもしないこのシーズン、私は二十連勝記録に挑戦していた。十四連勝のかかる大毎戦でピンチをまねき、打者に葛城を迎えた。

ここで当時の三原さんは大胆な手を打った。私と葛城との対戦を避け、ワンポイント投手を送り、私を一塁に回した。後でこの采配は「愚」と批判されたが、後年、当時のオリックス監督だった仰木さんも同じ手を使って話題をさらった。

いずれにしても私の気の緩みから何気なく投げてしまった一球が原因だった。この教訓から私は初対決の打者には「絶対に打たせない」という強い気持ちで投げた。

第十五条　第一打者をうちとれ

「第一打者をうちとれ」とは言い古された言葉だが、ピッチャーにとって永久のテーマであることに変わりはない。

まず、第一打者をうちとれば、大量点には結びつかない。大量点に最もなりやすいのは無死一、二塁のケース。うまくいってダブルプレーだが、それでも走者はひとり残る。バントを決められ一死二、三塁では外野フライでも失点だ。

投手のその日の「運命」は第一打者を打ちとるかどうかで決まると言ってもいい。第一打者さえ片づければ、その後の投球に幅が生まれ、投球リズムがよくなって自信につながってくる。

と同時に野手に好影響を与えることも忘れてはならない。第一打者は野手にとっても「最初の敵」である。アウトにすれば野手の動きにもリズムと余裕が生まれる。この野手のゆとりがヒットになりそうな打球でも止めてくれるファインプレーになる。

ここでも野球のひとつの出来事が、全体の動きに結びつくことを忘れてはならない。

第十六条　打者のふところに飛びこめ

投手の一球一球がゲームを支配する。ピンチになっても誰も助けてくれない。だから投手は「孤独」と言われるのだ。だからといってピンチが自分で去ってくれることはない。とにかくどうにかして切り抜けるしかないのだ。

私はこんなとき、自分のその日の調子、相手打者の欠点、ゲームの状況とを組み立てて対処した。しかし絶体絶命のピンチに立つと精神的プレッシャーも強く、直感力も鈍る。覚えていたはずのデータもすぐには思い出せなくなる。それこそ羊のようにマウンド上で迷うばかりで、日ごろ自信のある投手でも、オロオロすることが多い。

こんなとき、くよくよ考え過ぎると逆効果を招く。ではどうすればいいか、思い切ってバッターのふところであるインコースに投げることである。

打者が意表をつかれることもあって、こういうケースでは意外と成功率は高い。逆に打者に打たれまいと思うと、気持ちが「逃げ」に走り、逃げれば逃げるほど威力がなくなり、バッターに配球も読まれて、思うツボにはまることことが多い。

「ええ、ままよ」と開き直ることもピッチャーには必要だ。言いかえれば「死中に活」である。

私はにっちもさっちもいかないピンチに立つと、相手がまさかと思っているインコースへ、それもストレートで勝負した。

周囲は相手の読みの裏をかいたともてはやしたが、そんな余裕はなく、無我夢中で相手のふところに飛び込んでいった、というのが真相だ。

第十七条　背後の目を開け

漫然とマウンドに立っているピッチャーがいる。私に言わせれば「投手失格」である。

投げる前に野手の守備位置、ランナーがいるケースは走者のリードの位置をしっかりと頭にたたきこまなければならない。

ランナーのリードを把握していれば、けん制でアウトにすることだって出来る。特に右投手は走者一塁、走者二塁のケースは視界に入らないので、たとえ目はキャッチャーに向いていても絶えず走者の動きを頭にたたきこむことが大事である。

捕手の方向に目はいっていても、いまランナーはどれだけリードしているか、どんな姿勢をとっているか、スチールを狙っているのか、などを想定する。極端にいえば、走者を見なくても、見ているのと同じ状況をつくること。つまり一流投手になるには、頭の後ろに「目」を持て、ということだ。

それともうひとつ。マウンド近くに転がったゴロを、なんでも捕りにいくピッチャーがいる。しかしこれもケースバイケース。見送って野手に任せた方がいいことだったある。

例えば、走者一塁のケース。無理に捕りにいって態勢を崩したため併殺できないことがある。仮にショートに任せたら成功したかもしれない。このケースは意外と多い。

投手の守備範囲に飛んできたゴロを捕るべきか、見送るべきか、とっさの判断力が求められるが、この決断も野手の守備位置を正確につかんでいるかどうかにかかっている。

また野手の動きを確実に頭にたたきこんでいれば、かりに打たれても打球の角度、方向などによって、自分がどこをカバーすればいいのか、すぐわかるはずだ。

投手は「投げるだけのマシーン」ではとうてい一流とはいえない。

第十八条　神様、仏様にも絶対はない

私は現役時代、「神様、仏様、稲尾様」などと言われた。街を歩いていても「あっ、神様が歩いている」などと指差され、面映い思いをしたものだが、こんなファンの声援がどれだけ私を支えてくれたことか、感謝、感謝である。

しかし神様、仏様だから、私が一敗もしなかったわけではない。勝ち星の半数は黒星だった。いってみればどんな一流投手でも、絶対有利ということはありえない。細心の注意と慎重さを欠けば、たちまち墓穴を掘る。

私にも「苦い経験」が数多くある。ひとつ例をあげれば、2－0の有利なカウントからホームランや痛打を浴びたことは多い。これも有利に立っていると思う心の緩みからくる油断だった。いや油断というより自分への過信、相手を甘くみたしっぺ返しでもあったろう。

そこで学んだことは、好調なときほど落とし穴が多いということ。不調なときは、自分をいさめ、慎重にピッチングするので、そう大きなポカはなかったが、調子のいいときはつい自分に酔って失敗するものだ。

どんな状況下でも投手は「慎重」という言葉を忘れてはならない。

第十九条　コントロールは記憶力だ

球の威力とコントロール。このふたつは投手の絶対条件である。この二つの中で、どちらが難しいか、と問われれば私は「コントロール」と答える。それほど狙ったところにボールを投げることは難しい。

球威は練習を積み重ねていけば、ある程度はつく。しかしコントロールだけは、練習で一〇〇％完成するとはいえない。

生まれつきコントロールのいい投手はそうざらにはいないが、ある種の天才投手を見ていると、共通するのは足腰が驚異的に安定していることだ。

しかし、そんな投手は、それこそ「十年に一人」の天才で並みの投手は、血の滲むような努力で、一歩でも天才に近づくしかない。

私は「針の穴を通すコントロールのよさ」などと言われたが、入団当時はノーコン投手で有名だった。

私はコントロールに磨きをかけるため、懸命に練習した。狙ったコースに納得いくまで何度も何度も投げ続けた。そしてそのコースにびしゃりと決まったときの感じを忘れないようにした。体で、指先で、すばらしい感触を覚えこみ、それを頭にしっかりとたたきこむことが大事である。

脳と指先の素晴らしい感触。コントロールは記憶力ということを強調したい。

第二十条　ボールは三つまで投げられる

ピッチャーは、投げる球しだいで天国行きと地獄行きに分かれる。ストライク三つなら三振、ボール四つ投げるとフォアボールというのがそれだ。

しかし物は考えようだ。ピッチャーは常にストライクより一つ余分にボールを投げられる、と考えたら気が楽になるはずだ。そしてこの一つのボールを有効に使うか、使わないかでピッチャーの運命は大きく変わってくる。

ピッチングは平行カウントが基本的な組み立てになる。例えば1ストライク1ボール、2ストライク2ボールなどのカウントがそれだ。

だから1ストライクをとれば、1ボール投げる余裕がピッチャーにあるわけで、この平行カウントさえ維持していけば、フォアボールになる前に3ストライクをとれる理屈になる。

有利なカウントで打者を追い込んでいながら、ヒットを打たれる投手が多いのは、こうした投手の有利さを知らないか、活用できないからだ。

巨人のV9時代、当時の川上監督が2ストライクからヒットを打たれた投手に罰金を科したのも〝遊び〟を知らないピッチャーへの戒めだった。

いい投手の条件は、いかにボール球を打たせるか、反対にいい打者はいかにしてボール球を打つかである。

第二十一条　打者の目をみよ

目は口ほどにものを言う。目を見ればその人がどんな心理状態なのか、熟練した人はすぐに見抜いてしまう。

野球も例外ではない。マウンド上のピッチャーと、打席に入る打者は必ず一度、顔を見合わす。このときから投手と打者の闘いは始まっているのだ。

西鉄でチームメートだった豊田さんは、打席に入ると鋭い眼光で投手をにらみつけた。若い投手などは、豊田さんのひとにらみに恐れおののいて最初から気迫負けしたものだった。

私も現役時代、打者の目を見て「今日は勝った」「今日は負けかな」と思ったものである。調子のいい打者の目は、自信からか生き生きと輝いている。対照的に不調な打者は、自信のなさからか、私の目から視線をそらすように下を向いていた。

だから相撲の立会いと同じ。ピッチャーも投げる前からにらみ合いの勝負に勝つように鍛錬しなければならない。

もっとも私は目が細いせいか、にらんだつもりでも相手に伝わっていなかったらしい。「稲尾の目を見ても何を考えているか読みにくい」とよく言われた。

これは私の武器にもなったようだが、人相の問題だから例外である。

第二十二条　打者と闘う前に自分との闘いに勝て

何度も言うように人間、気持ちの持ちようでどうにでもなる。

例えば、投手にも「打たせまい」とする人と、「打たれまい」と考える二つのタイプがある。一見、似ているようだが、このふたつには天と地ほどの開きがある。

「打たせまい」とするピッチャーは旺盛な闘争心の持ち主だ。こんな投手はバッターが「打とう」とする前に、「打たせまい」とする積極性を持っている。微妙なテクニックさえ覚えれば大成する。

ところが「打たれまい」とするピッチャーは、この反対だから始末が悪い。「打たれまい」と考えたときから、心の動きは消極的になって守勢に回る。そして打たれる、この繰り返しである。スピードもあり、変化球の切れが抜群でも、なぜか勝てない投手がいる。逆にたいした球威もないのに、マウンドで堂々たる態度で勝ち星をあげる投手もいる。

これも「打たせまい」「打たれまい」というメンタリティーの問題である。

私はよく必要以上の緊張感を和らげるためにマウンドで歌を歌ったりした。こんなちょっとしたことも、ピッチングを自分のものにするきっかけとなる。

第二十三条　よく学び、よく遊べ

投手の目を通していろんなバッターを見てきた。一流と言われるバッターには、その熟練されたテクニックとは別に共通点がある。

それは気分転換のうまいこと、つまり楽天的とさえ言えるほど、プラス志向でものごとを解決することだ。

その日の試合で四打数無安打だったとする。いい打者ほど「今日は相手投手がよすぎたから打てなかった。しゃぁない、あした頑張ろう」で、気分転換と称して夜の街に繰り出したりする。

ところが二割そこそこの打者は「今日も打てなかった。どうして打てないんだろう」と悩みに悩む。家に帰っても、素振りを繰り返し、一睡もしないで翌日、青白い顔で球場入りしたりする。

私に言わせると、悪いフォームをセメントで固めてしまうようなもので、しかも睡眠不足では決してパワーは生まれない。

「今日は」と思うか、「今日も」と考えるか、これは打者に限らず、投手にも言えることである。

私は監督時代、若い選手たちに「プロの選手でいる間は家庭を忘れろ」と、よく言ったものだ。今どきそんな理屈は通用するはずもないが、投手も打者も「いい日、悪い日」がある。要は「悪い日」をどう考え、どう消化するかが「明日」につながることをお忘れなく。

第二十四条　あすのエースのために

フォームは人それぞれで、自分が投げやすいフォームを早く発見することが大切だ。つまり自分の欠点より、長所を見つけて伸ばすことが大切である。

同時にエースを目指す人たちに声を大にして「強い肩をつくれ」と言いたい。

投げ込めば投げ込むほど、肩の筋肉は強化される。私は高校時代、一日五百球の投げ込みをノルマにした。しかもほとんどストレートだ。変化球を交えれば楽だったろうが、それでは肩は強化されない。スタミナもつかない。

ただ時代も変わって、私たちのやった「投げ込み」は、故障の原因と異を唱える関係者も多かろう。それも一理だが、高校野球を見ても変化球全盛で、昔人間の私から言わせると寂しい限りである。五百球とは言わない。投げ込む効果の大きさを、関係者の皆さんにご理解いただければ幸いだ。

よく指導者の方たちから「球威が先か、コントロールが先か」と聞かれる。どちらも備えることに越したことはないが、球威を優先させると、コントロールが犠牲となり、コントロールを狙えば球威は半減するのは当然の理。プロの投手も、この矛盾に悩むものは多い。

私はまず球威をつけさせることが肝心と強調したい。コントロールは、いつでも矯正できる。消化能力の高い時期に、取り組むのは、まず球威を最優先にしたい。

あとがき

稲尾さんとの最初の出会いは昭和四十二年の五月だった。

入社して、いきなりプロ野球「西鉄担当」記者に回された。西も東もわからない新米を担当記者にする会社も会社だが、当時の風潮は「新人いびり」ともとれる乱暴な人事が、まかり通っていた。先輩記者に連れられて、平和台球場で練習する西鉄ナインと対面した。当時の監督は中西太さんで、仰木彬さんはコーチ、稲尾さんは晩年だったとはいえ、まだ現役の投手だった。

一癖も二癖もある選手ぞろいで、挨拶をしても誰も応じてはくれない。「フン」といった顔と、冷たい視線を感じて背筋が寒くなったことを覚えている。

そんな中で稲尾さんだけは違っていた。細い目を糸のようにして「そうか、ルーキーか、がんばれよ」と、手を差し伸べてくれた。

稲尾さんのあたたかい心に、スーと引き込まれてから四十一年間、公私にわたってお付き合いさせていただいた。

「公」では野球の先生だった。どんな、つまらない質問にも、稲尾さんは丁寧に答え、教えてくれた。

「私」では「よく遊べ」と注文をつけられた。

「いろんな遊びを知らないと、原稿がうまくならないぞ。遊びを知ってこそ、人に優しい記事、色気のある記事が書けるというもんだ」といって、赤提灯から高級クラブ、はては京都・先斗町まで。稲尾さんの「夜のグラウンド」にお邪魔したものだった。もちろん、当方は薄給のしがないサラリーマン。「ごちそうさまでした」だった。

面倒見のいい人で、西鉄の後輩はもちろん、先輩たちへの「目配り、気配り、心配り」を忘れなかった。亡くなった河村、仰木、関口ら先輩たちの「偲ぶ会」を立ち上げて故人の冥福を祈っている。

豊田さんの野球殿堂入りにも、稲尾さんは深く関わっている。

「豊田さんは球界にあれだけの実績を残した人だ。野球評論家としても一流だし、殿堂入りするにふさわしい人なんだ」と、選考委員会で力説、成功にこぎつけたのも稲尾さんの尽力、大だった。

訃報の届く前日、所用で稲尾さんが生まれ育った別府・北浜にいた。

別府湾に沈む夕陽が美しかった。夕陽と稲尾さんの顔がオーバーラップした。入院中の稲尾さんが気になって彼の秘書に電話した。口ごもる秘書の応対に、ただならぬ気配を感じた。

その翌日、稲尾さんは不帰の人となった。野球人として数々の伝説と、人として他人への思いやりと、やさしさを残した七十年の人生だった。

密葬の日、白い胡蝶蘭に囲まれて稲尾さんは静かに眠っていた。その安らかな顔を見たとき、稲尾伝説を風化させることなく「語り部」になりたい、と強く思った。

稲尾さんの歩いた人生が、多くの人の指針となれば望外の喜びである。

最後に出版にあたり、弦書房、三原浩良・前代表にご協力していただいた。この場を借りて深謝します。

新貝　行生

平成二十年七月二日

〔著者略歴〕

新貝　行生（しんがい・ゆきたか）

昭和19年福岡県生まれ。昭和42年４月スポーツニッポン新聞西部本社入社、報道部に配属され、プロ野球、西鉄ライオンズを担当。その後、プロ野球デスク、報道部長を経て平成４年編集局長と、終始取材畑を歩いた。

稲尾とは公私にわたって親交が深く、51年に稲尾が出版した『鉄腕一代』を構成した。著書に『中洲物語』『記者たちの平和台』などがある。

福岡市在住、現職はスポーツニッポン西部本社営業局顧問。

鉄腕《てつわん》稲尾《いなお》の遺言《ゆいごん》

二〇〇八年八月一〇日第一刷発行
二〇〇八年九月三〇日第二刷発行

著　者　新貝行生《しんがいゆきたか》
発行者　小野静男
発行所　弦　書　房
（〒810・0041）
福岡市中央区大名二―二―四三
ELK大名ビル三〇一
電　話　〇九二・七二六・九八八五
FAX　〇九二・七二六・九八八六

印刷・製本　大村印刷株式会社

落丁・乱丁の本はお取り替えします。

ISBN978-4-86329-007-5 C0075